Franz Werfel

Das Reich Gottes in Böhmen

Tragödie eines Führers

Franz Werfel: Das Reich Gottes in Böhmen. Tragödie eines Führers

Erstdruck: Berlin, Wien, Leipzig: Zsolnay, 1930

Neuausgabe
Herausgegeben von Karl-Maria Guth
Berlin 2019

Der Text dieser Ausgabe wurde behutsam an die neue deutsche
Rechtschreibung angepasst.

Umschlaggestaltung von Thomas Schultz-Overhage

Gesetzt aus der Minion Pro, 11 pt

Die Sammlung Hofenberg erscheint im
Verlag der Contumax GmbH & Co. KG, Berlin
Herstellung: BoD – Books on Demand, Norderstedt

ISBN 978-3-7437-3268-1

Bibliografische Information der Deutschen Nationalbibliothek

Die Deutsche Nationalbibliothek verzeichnet diese Publikation in der
Deutschen Nationalbibliografie; detaillierte bibliografische Daten sind
im Internet über www.dnb.de abrufbar.

Personen

Julian Cesarini, Kardinallegat in Angelegenheiten der böhmischen Ketzerei

Philibert, Erzbischof von Coutance
Doktor Palomar
Doktor Johann Stojkowitsch von Ragusa, Mitglieder des Konzils in Basel

Prokop, genannt der Große

Johann Tschapek
Prschibik von Klenau
Pardusch, Führer der radikalen Taboritenpartei

Jan Rokycana, Magister der Prager Universität, hussitischer Theolog

Hostinsky, Proviantmeister im Taboritenheer
Stepanek, Zahlmeister im Taboritenheer
Tvaroch, Rottmeister im Taboritenheer

Ulrich von Rosenberg
Holicky von Sternberg
Meinhard von Neuhaus
Alesch von Riesenburg, Große Herren des böhmischen Adels

Drahomira von Riesenburg, eine hochpolitische Dame

Ach
Ichgereut, Bürger der Prager Altstadt

Prokops Mutter

Elisabeth, Prokops Frau

Stascha, Prokops junge Schwester

Hieronymus Hromada, Abt des ehemaligen Klosters zu Königsaal

Spalek, Haushofmeister Rosenbergs

Andreas Leithner, Kaufmann aus Krumau

Mikulasch, der Starosta von Nemischl

Adam, der Starosta von Jilowitz

Der Kantor Březina

Der Lehrgehilfe Jirak

Milosch, ein zwölfjähriger Knirps

Manja, eine alte Dirne

Zwei andere Dirnen

Zwei alte Weiber Prälaten, Bischöfe, Doktoren, Magister, Mönche, Barone, Bürger, Bauern, Taboritische Dorfgemeinden, Taboritische Feldrotten, Musikanten, Aufwärter, Kehrweiber, Verwundete, Pestleichenträger

Zeit – Raum: 1431 bis 1434, Böhmen und Basel
Rechts und links vom Schauspieler

Die Handlung gliedert sich in Spiel und Zwischenspiel. Zu diesem Zwecke teilt der Vorhang die Szene in eine Haupt- und Vorbühne. Die Vorbühne stellt stets eine Straße dar, nur in dem Dominikanerkloster des Basler Konzils einen Gang. Die Zwischenspiele folgen unmittelbar aufs Hauptspiel, so dass jeder Teil der Tragödie pausenlos abrollt.

Erster Teil

Erstes Bild

Im ehemaligen Kloster zu Königsaal. Kahles Refektorium. Man sieht an den Wänden noch die hellen Flecken, die von den Ikonen und Kruzifixen herstammen, die einst, vor den großen Bilderstürmen, hier hingen. Drei nackte Tische geben dem Raum das Aussehen eines Wirtshauses. In der Mitte des Fußbodens ist eine mächtige Falltür aufgeklappt. Männer, die, wiewohl sie keine Kutten tragen, doch unverkennbar Mönche sind, bewegen sich in eilig aufgeregter Arbeit. Einer steht auf der letzten Sprosse der Leiter, die durch die Falltür abwärts führt. Er nimmt Messgewänder, Heiligenbilder, Reliquienschreine, Folianten, schöne Kruzifixe und andre Kostbarkeiten entgegen, die er hastig hinabreicht. – Die Mönche in ihren braunen und grünen Schürzen gleichen Aufwärtern oder Hausknechten. Manche haben die Ärmel aufgekrempelt. Die meisten sind schon sehr alt. Ihr stummes, angstvolles Schleichen und Schlurfen, ihr gehetztes Hantieren spricht von jahrelang ausgestandenen Qualen und von täglicher Sorge um Leib und Leben. Sie bieten den typischen Anblick einer Kaste, die das Opfer der Revolution ist: Schweigen, Misstrauen, hinterhältig-ängstliches Lächeln, feiges Schultereinziehen. Die Arbeit beaufsichtigt Hieronymus Hromada, ehemaliger Abt, der mit Schlüsselbund und ungeduldigem Stampfen die nervöse Musik zu dem schweigenden Treiben macht. Regenschweres Spätnachmittagslicht. Fetzen eines fernen Marschliedes. Ein schriller Pfiff ertönt.

EIN MÖNCH *erscheint atemlos in der Tür und macht ein Zeichen.*
HROMADA *hebt den Arm. Der Mensch auf der Leiter verschwindet.*
Die Falltür kracht zu. Die Mönche verziehen sich lautlos. Kardinal
Julian Cesarini *tritt schnell ein. Schlanker Mann von dreißig Jahren, wie ein ärmlicher Priester gekleidet. Er befreit sich von dem ganz durchnäßten Kapuzenmantel. Ein bleiches, fast fieberfröstelndes Gesicht leuchtet auf.* Pax in nomine patris et filii ...

HROMADA *unterbricht störrisch, ohne den Fremden anzusehen:* Was
für ein Pax? Keinen Pax gibt's hier ...

JULIAN: So war ich im Hundewetter fehlgeritten? Zwei Stund von
Beraun ostwärts: Königsaal, patres cistercienses ...

HROMADA: Der Herr schweige um Christi willen. Hier ist kein
Kloster mehr. Und es gibt keine Zisterzienser, keine Kreuzherren,
keine Minoriten. Alte Märchen in Böhmen! Wir haben das Reich
Gottes hierzulande. Und im Reich Gottes werden keine Nichtstuer
geduldet. Im Reich Gottes muss man sich schinden. Was dies Haus
ehmals war, dafür sind andre Häuser bis in den Grund bestraft
worden. Jawohl, zweihundertundfünfundvierzig Convente mit Kirchen und Büchereien ... Wir leben wenigstens ... *Zu einem Mönch.*
Hynek! Häng endlich das Schild aus!

MÖNCH *schleppt ein großes Schild mit der Aufschrift »Herberge«
hinaus.*

HROMADA *ablehnend:* Ein Einkehrhaus. Kammern vermieten wir,
bessere und schlechtere. Heut aber gibt's kein Loch mehr und kein
Strohlager im Stall. Einquartierung ...

JULIAN: Und dennoch werdet Ihr mir Euer bestes Zimmer einräumen,
domine. Ich hab zwei Nächte nicht geschlafen.

HROMADA: Das beste hat Prokop, die nächstbesten Klenau, Tschapek,
Pardusch und die andern Hauptleute. Sind alle angemeldet.

JULIAN: Tut nichts! Ich bin gut aufgehoben bei Euch, Hieronymus
Hromada.

HROMADA: Habt Ihr meinen Namen auch schon herausgebracht?
Nichts als Spione und Provocatores ... *Immer wieder streichen
neugierige Mönche über die Szene.* Geht in die Küche! Zdenko soll
noch zwei andere Kessel mit Kuttelflecksuppe aufs Feuer stellen,
damit wir nicht in Not geraten ... *Mönche ab.*

JULIAN *zieht ein Schriftstück heraus und gibt's Hromada:* Ein Brief
für Euch! Lest und seht das Siegel genau an!

HROMADA *erkennt Siegel und Unterschrift. Fällt auf einen Stuhl, als
sei er todmüde:* Sigismund ... Kaiserliche Majestät ...

JULIAN: Lies! Sigismund hat den alten Spielkameraden nicht vergessen
... Hromada, Jugendfreund der königlichen Brüder: Wenzel und
Sigismund ...

HROMADA *aus leeren Augen starrend:* Was war ich, und was bin ich? ... Und was ist Wenzel? *Er stampft.* Hier unten, da, unter meinen Füßen im Keller ... Des Böhmenkönigs Wenzel geheiligtes Gebein ... Unbestattet wie die Knochen eines Ochsen ... In einer Kiste zusammengeschüttelt, versteckt vor ärgerer Entweihung ... Zwischen Fässern und Gerümpel ...

Die Falltür klappt auf. Ein Mönchskopf wird sichtbar. Fort! Was gibt's hier zu horchen!? Die Falltür kracht zu, der Kopf verschwindet.

JULIAN: Lies! Solang es Zeit ist ...

HROMADA *das Blatt zittert in seiner Hand. Er hält's weit vom Auge:* »Und bitten wir Dich ... wie alle Freunde in unserm ungetreuen Erblande Beheim ... beizustehn dem Julian ... Kardinallegaten Seiner Heiligkeit ... auf dass er Ordnung stifte ... wider hitzigen Aufruhr und höllische Ketzerei ...« *Er lässt das Blatt sinken.* Julian Kardinal ... Ihr ... Euer Gnaden ...

JULIAN: Keinen Namen!

HROMADA *wie ein Träumer:* Ihr steht hier ... Also lügen die Schauergerüchte ... Nicht zerschmettert das Kreuzheer ... O Gott ... *Er will Julian umklammern.*

JULIAN: Tretet zurück! Ich bin nass bis auf die Haut.

HROMADA *ganz verwirrt:* Einquartierung ... Prokop auf der Flucht ... Kaiserliches Kreuzheer rückt gegen Prag ... O Gott ...

JULIAN *seine Erschütterung zu ruhig-knappem Ausdruck niederringend:* Nicht lügen die Schauergerüchte, Hromada ... Zerschmettert mein Kreuzheer ... Hundertundfünfzigtausend ... Die hochmütigste Ritterschaft des ganzen Abendlandes ... Nichts als schmutzig-tierische Horden jetzo, in den Wäldern verkrochen, westlich von Taus ... mit Augen hab ich's gesehn ... ich, der Werber und Führer ... In den Wirbel hat's mich gerissen das Entsetzen ... Was war das nur, Hromada? ... Ein schreckhaft Wunder ist geschehn ... Ein Gottesurteil auch an mir ... Da bin ich umgekehrt ...

HROMADA *wieder kühl:* Und suchet den Tod in Böhmen jetzt ... Der ist so gut wie sicher.

JULIAN: Ich suche ... Ich will verstehn, warum Gott ihnen recht gibt.

Wiederum ertönt ein schriller Pfiff. Der Marschgesang ist ganz laut geworden. Pferdegetrappel. Zwei Mönche, die ein großes Bild tragen, stürzen herein. Das Bild wird aufgehängt. Es stellt Hus auf dem Scheiterhaufen dar. Mönche ab.

HROMADA: Kommt! Ich werde Euch in einer Geheimzelle verstecken. Morgen dann ...

JULIAN: Verstecken? Ich bin umgekehrt, damit ich seh und erkenn. *Er greift sich an die Stirn.* Ich? Bin ich denn ich??

HROMADA: Schnell! Um Christi willen ...

JULIAN *fasst sich. In diesem Augenblick gewinnt sein Wesen überlegene Gelassenheit:* Ja! Der Mantel da muss überm Feuer trocknen. *Beide ab. Der Chorgesang erschallt nun im Klosterhof unten. Die Außentür wird aufgerissen. Bewaffnete poltern in den Raum. Draußen verstummt das Singen, Lachen, Schreien nicht, sondern ebbt nur manchmal ab. Die taboritischen Krieger sind einheitlich ausgerüstet. Alle tragen die flache Eisenhaube, die dem modernen Sturmhelm so ähnlich sieht. Drei Gestalten heben sich ab: Hostinsky, Stepanek, Tvaroch, alle drei Chargen, Unteroffiziere im hussitischen Heer. Die Leute setzen sich an die Tische. Einige beginnen sogleich Karten zu spielen. Hostinsky und Stepanek rücken zusammen. Tvaroch steht wütend vor ihnen.*

HOSTINSKY *ein sehr dicker Riese, Proviantmeister und Laienprediger, schon bejahrt. Seine zärtlich-klangvolle Stimme steht im Widerspruch zur kolossalen Körperlichkeit. Diese Stimme streichelt die Dinge des Lebens, insbesondre, wenn es sich ums Essen handelt:* Ergib dich in Gott, Rottmeister Tvaroch, und setz dich zu uns! Der Prokop hat Königsaal zum Quartier befohlen, und Befehl ist Befehl. Hab ich nicht auch von Prag geträumt und vom Brauhaus zum Ungelt und von Schweinsbraten mit Kraut und Knödeln ...

TVAROCH *athletischer Mann, Ende der Dreißig. Er trägt den lang nach unten gezogenen Schnurrbart und das wetterwilde Hussitengesicht zur Schau, das in Böhmen Mode ist und in der übrigen Welt Gegenstand gruselnder Neugier. Als Held aus der ersten und ältesten Kämpfergarde ist er mit dem Verlauf der Bewegung unzufrieden:* Was für »Befehl ist Befehl«? Im Feld hat Prokop zu befehlen. Dazu ist er gewählt vom Brüder-Rat. Der Brüder-Rat sind wir. Uns hat er zu fragen, ob man in Prag quartieren soll, ob nicht. Wir haben gesiegt. Er malt nur seine Faxen auf den Plan und hat nie noch ein Schwert und einen Flegel in der Hand gehalten. Früher war's anders, Burschen! Zu Žižkas goldner Zeit. Da haben wir tagsüber den Sigismund über die Grenze geprügelt und die Nacht dann durchsoffen und durchtanzt. Und Väterchen Žižka saß unter uns. Lustig war unser Gottesreich! Jetzt aber müssen wir die Engel spielen. Wir sind keine Engel, Sakra, keine Deutschen und keine Söldner, wir sind freie Feldgemeinden … *Setzt sich.*

HOSTINSKY: Damals verstand man auch noch die Zubereitung von Knödeln …

TVAROCH: Mach mich nicht toll mit deinen Knödeln, Alter …

HOSTINSKY: Warum lästert er die Knödel, Stepanek? Ein Rottmeister soll ein verantwortlicher Mensch sein. Wird ein verantwortlicher Mensch eine Gottesgabe lästern, die dieses Tränental erträglich macht? Schweinernes? Gut! Manchen Mann erfreut eine Gans oder ein gespickter Hase mehr. Aber **Knödel?** Ich selbst war doch Wirt in der Neustadt …

STEPANEK *kleingewachsener Pfiffikus. Man sieht ihm den ehemaligen Herrschaftsdiener an. Er trägt einen Dudelsack über der Schulter, dem er dann und wann Töne entlockt:* Der Fresser denkt an Knödel. Männer aber wie wir, sag ich, Männer, vor denen die silbernen und goldenen Ritter davonlaufen seit zehn Jahren, Männer, sag ich …

HOSTINSKY: »Es geht eine gemeine Red', dass Unzucht unter euch sei, vor der selbst den Heiden grauset.« Paulus an die Korinther … Ich träume von gesegneter Mahlzeit. Euch aber ist Mütterchen Prag die alte Puffmutter auf der Venedigerinsel in der Moldau …

Hromada kommt mit Mönchen, die einen großen Suppenkessel hereintragen. Er beginnt die Suppe in Teller zu schöpfen, die vor die Krieger gestellt weiden.

HOSTINSKY *schnuppernd:* Kuttelflecksuppe. Mit Majoran. Es ist Krieg. Die Welt Gottes blutet. Der Mensch soll sich zufriedengeben … *Er beginnt laut zu schlürfen.* Auch Kuttelflecksuppe ist was Gutes, wenn man eine fröhliche Seele hat …

TVAROCH *haut auf den Tisch:* Bier!!

HROMADA *tritt heran:* Quartierbefehl der Feldhauptmannschaft: Weder Bier noch Wein darf verabfolgt werden.

TVAROCH *aufspringend:* Was? Weißt du, wer ich bin? Ich bin der Tvaroch! Wer wagt es, dem Tvaroch sein Bier zu verbieten? *Auch die andern Krieger unterbrechen die Mahlzeit und drängen näher.*

RUFE: Kein Bier?! … Keinen Wein?! … Nur Wasser? … Nach solchen Tänzen!? … Zehn Schlacht- und Marschtage im Regen … Das fehlt uns noch!!

HOSTINSKY: Nur Ruhe! … Herbergswirt! Du warst einstmals ein Pfaff. Tut nichts! Hast du der göttlichen Wahrheit gehorcht?

HROMADA: Ihr guten Brüder …

HOSTINSKY: Nein! Siehst du!? Und der Prokop ist nur ein Mensch. Ein großer gewaltiger Mensch, der über uns große gewaltige Menschen gesetzt ist. Ein Kopf wie Diamant. Hat aber seine Verrücktheit. Er kann keinen Toten und keinen Besoffenen sehn und trinkt lieber Milch als Wein. Sollen sich diese braven Burschen hier eine Amme nehmen deshalb? Diese braven Burschen hier haben gegen den Antichrist Julian Taten vollführt, wie sie wider Sanherib und Nebukadnezar nicht geschrieben stehn. Und diesen braven Burschen hier willst du einen Lebenstropfen, ein kleines Bierchen nicht gönnen? …

HROMADA: Ich darf nicht …

HOSTINSKY: Du darfst nicht? Sieh dort das Bild an! Unser heiliger Märtyrer Hus. Ihr habt ihn verbrannt. Und das habt Ihr gedurft? Schluck das Wort »dürfen« hinunter … Ein Wirt soll ein besonnener Mensch sein. Er soll für seine Gäste sorgen, auf dass sie liebreich und friedlich bleiben …

TVAROCH: Dass unser Vater nicht mehr lebt, der Einäugige! In Franken säßen wir jetzt, hätten Wein auf dem Tisch und keine Kaldaunen! *Er zerschmeißt einen Teller.*

HROMADA *will sich davonmachen. Grobe Fäuste stoßen ihn zurück.*

HOSTINSKY: Ist das Besonnenheit? Ein alter Wirt, der Onkel Hostinsky, warnt dich. Am gefährlichsten tobt der nüchterne Rausch. Ein Besoffener ist dir wie ein kleines Kind. Er brüllt und rast, aber der Kellnerjunge setzt ihn vor die Tür. Der durstige Wüterich jedoch …

HROMADA: Ich kann nichts geben, ich hab nichts …

TVAROCH: Ho, das wird sich zeigen. Burschen! Wir wollen nachsehn, wo hier Bier und Wein wächst. *Beginnt mit den andern Brüdern, bis auf Hostinsky, den Raum zu durchsuchen. Türen und Schränke werden geöffnet, die Wände abgeklopft.* Halt! Wer da? Das klingt hohl. *Er beugt sich nieder und hebt die Falltür auf.*

HOSTINSKY: Hab ich dir nicht gesagt, ein Wirt soll besonnen sein?

HROMADA: Um Gottes willen, Bruder, verhinder das ...

HOSTINSKY: Ich bin ein Mann der Ordnung, Bruder. Aber meine Sterblichkeit hat Übergewicht. Eh ich dieses Körperchen hier erhebe, haben sie dir's Haus überm Kopf angezündet.

TVAROCH: Laternen!

Es kommen immer mehr Krieger herein, die sich um die Falltür versammeln. Laternen werden gebracht. Ein Teil der Leute folgt Tvaroch in den Keller, wo sogleich Geschiebe, Gescharre, Lachen und endlich wildes Gehämmer einsetzt.

HROMADA *leise, beschwörend zu Hostinsky*: Duld es nicht, Bruder! Die elende Ruhestatt des armen Königs Wenzel.

HOSTINSKY *mit tückischer Gutmütigkeit, sehr laut*: Was du nicht sagst, Bruder! Der Wenzel! Ein munterer Kauz. Ich hab ihn gekannt. Den musst du nicht bedauern. Noch im Tod schmunzelt er, wenn er sich seiner Bademägde erinnert. Die Dicken hatte er gern, wie jeder wohlwollende Mann.

HROMADA: Erbarmt Euch! Habt Ihr die Leiche nicht schon einmal geschändet, in der Kirche mit Bier begossen ...

HOSTINSKY *immer lauter und behaglicher*: Ich hab nichts gegen deinen Wenzel. Ein goldenes Gemüt. Wenn er zufrieden war auf seinem Thron, ließ er einen Lauten fahren und die Herren verbeugten sich dankbar. Kein Stolz in ihm. Ein Mensch unter Menschen ...

STEPANEK *hinzutretend*: Der Wenzel! Hab ihn auch gekannt. Als ich noch Diener war beim Rosenberg. Sie soffen von Mittag zu Mittag. Alle drei Stunden musst ich ihm den Kotzkübel hinhalten ... Gott beschütze Böhmens König ... *Er beginnt auf seinem Dudelsack gräuliche Misstöne zu blasen.*

RUFE *bei der Falltür, schon während des vorigen Gesprächs. Dazu Stepaneks tolles Gedudel*: Da sieht man's! ... Diese alten Pfaffennester! ... Verräterhöhlen! ... Den Kelch und Hus hängen sie aus! ... Götzendienst verstecken sie ... Ausräuchern! ... Abtragen!

Aus der Tiefe fliegen Kirchenfahnen, Heiligenbilder, Folianten auf die Bühne.

KARDINAL JULIAN *steht plötzlich, beobachtend, da.*

HROMADA *aufschreiend:* Schändet nicht euren toten König!

TVAROCH *aus dem Keller:* Auf den Mist mit allen Königen! *Durch die Falltür fliegt jetzt ein hermelinbesetzter Mantel empor, ein goldner Stab, purpurrote Schuhe und schließlich ein Totenschädel. Jeder Wurf von Triumphgeschrei begleitet. Jemand hat eine lange Stange gebracht. Auf die Spitze dieser Stange wird nun der Schädel gesteckt und tanzt über den Köpfen. Hromada stürzt sich auf die Leute und will ihnen den Königsschädel entreißen. Vom Keller aufwärts breitet sich Gesang aus.*

CHOR: Die ihr Gottes heil'ge Streiter ...

EIN SCHARFER RUF: Habt acht!

PROKOP *ist eingetreten; hinter ihm Prschibik von Klenau, Johann Tschapek und Pardusch. Alles steht militärisch angewurzelt. Der Gesang bricht ab.*

PROKOP *im gleichen Alter wie Kardinal Julian. Er ist der Einzige, der weder Helm noch Waffe trägt. Sogleich bildet sich ein leerer Raum um ihn. Er wiederholt leise:* Die ihr Gottes Streiter seid ... *Lange Stille.* Johann Tschapek! Ich schließe jetzt die Augen. Wenn ich sie wieder öffne, ist dieser ganze Spuk fort ...

Tschapek macht eine Armbewegung zur Tür. In einem blitzschnellen Wirbel fegt alles bis auf die Hauptleute aus dem Refektorium. Die Mönche bergen Bilder, Fahnen, Folianten. Hromada entweicht mit dem Schädel und den Königsinsignien. Die Falltür schlägt zu. Zuletzt geht Tvaroch mit aufbegehrendem Schritt ab und Julian, der langsam in der inneren Tür verschwindet. Prokop tritt ans Fenster. Das folgende Gespräch ziemlich leise.

KLENAU *edelmännische Erscheinung. Gerade darum bemüht er sich in Tracht und Wesen unverfälschtes Volkstum und einwandfreien*

Radikalismus hervorkehren: So sind die Leute immer, wenn man sie enttäuscht ...

TSCHAPEK *Klenaus Gegensatz. Aus niedrer Klasse stammend, kennt er keinen Zwiespalt. Er ist eitel und am glänzendsten ausstaffiert:* Weiß Gott, mich macht's wütend ... Wir hätten morgen in Nürnberg sein können ...

KLENAU: Gibt man siegreichen Truppen nicht das Feindesland zum Plündern frei, versuchen sie's daheim. Eine fliegende Haufnitz-Kugel zurückholen heißt das ...

TSCHAPEK: Man muss im Land Ordnung machen wenigstens. Pilsen ist zweifelhaft ... Sonst geht der herrliche Tauser Tag zum Teufel ...

PARDUSCH *jugendlicher Enthusiast, Prokop bedingungslos verehrend:* Ihr versteht ihn nicht ... Er glaubt längst nicht mehr an Kriege und Siege ...

PROKOP *dreht sich unvermittelt um:* Wo ist der Italiener?

PARDUSCH: Welcher Italiener, Bruder Prokop?

PROKOP: Dort ... Fünf Schritt von mir ...

KLENAU: Fremdes Gesindel, Spione, gibt's genug in Böhmen. Unnachsichtig aufhängen soll man die Kerle oder zumindest über die Grenze schaffen ...

PROKOP: Den Hromada!

PARDUSCH *öffnet die innere Tür, hinter der Hromada lauscht. Prokop zu Hromada:* Wo ist der Italiener?

HROMADA: Welcher Italiener, Herr Bruder?

JULIAN *tritt, Hromada zur Seite schiebend, ein:* Meint Ihr mich?

HROMADA *schnell ab.*

PROKOP *setzt sich an einen Tisch:* Es ist dunkel.

PARDUSCH *läuft hinaus und kehrt mit Leuten wieder, die zwei Fackeln in die Mauerringe hängen und ein Öllicht auf den Tisch stellen.*

PROKOP: Wie heißt Ihr?

JULIAN: Nennt mich Priester Angelo!

PROKOP: Römischer Priester also?

JULIAN: Wart Ihr's nicht auch, Herr Prokop?

PROKOP: Es ist die Wahrheit. Ich und der Bruder Tschapek da sind ausgeweihte Priester ... Wohin gehört Ihr?

JULIAN: Ich gehör zum Kardinal Julian ...

KLENAU: Da hängt ein Karpfen am Moldauwehr.

PROKOP: Still! ... Wo ist der Kardinal jetzt?

JULIAN: Ich weiß nicht. Mitten im fliehenden Kreuzheer ließ ich ihn zurück. Im Wald von Taus. Kein Erbarmen hatt ich mit ihm ...

PROKOP: Was heißt das?

JULIAN *mit erzwungener Ruhe, fast leise:* Auf dem Berg stand ich und sah die Hunderttausend in ihren blitzenden Rotten ... Herzöge, Grafen, Ritter, Turnierhelden ... Die gedrillten Kriegsvölker ganz Europas, gereiht und gerichtet ... Da brachet ihr aus euren Wagenburgen ... War's dieser Schrei, der euch vertausendfachte? ... Ich verstand es nicht, ich versteh's nicht. Doch auch mich warf der hündische Schreck nieder wie die losen Haufen, mit denen ich rückwärts keuchte ... *Er schweigt eine Weile, um seine Erschütterung nicht zu verraten.* Am nächsten Morgen wandt ich mich um und kam mühselig hierher, um Euch zu begegnen, mein Herr Prokop.

PROKOP *geht auf und ab:* Wie blutig müht sich die Kirche Christi, damit Christus nicht wahr und wirklich werde! *Schweigen.* Die Proklamation, Pardusch, und das andre! *Im Aufundabgehen.* Ich weiß nichts von Euch, Priester Angelo. Dahingegen weiß ich einiges von Eurem Meister und Kardinal.

PARDUSCH kommt mit einem Mann, der einen Kleiderstock hereinbringt. An diesem Stock hängt der seidene Purpurmantel, Hut und Halskette des Kardinals. Auf der Brustseite des Mantels ist mit einer Nadel ein großes Plakat befestigt. Man kann das großgemalte Wort »Proklamation« deutlich lesen.

PROKOP: Kennt Ihr das?

JULIAN: Ja! Mantel, Hut und Kette des Kardinals, die er von sich warf, als ihn die Angst erniedrigte.

KLENAU *den Stoff befühlend:* Herrliche Seide! Leider ist das schöne Beutestück morgen schon verdorben, von oben bis unten vollgespuckt von den Pragern, da es an den Pranger des Altstädter Ringes gehängt wird.

TSCHAPEK *wirft die Proklamation auf den Tisch.*

PROKOP: Und das hier? Warum frag ich? Vielleicht habt Ihr selber den christlichen Satz ausgeheckt, *Schlägt aufs Papier,* »dass die böhmische Ketzerei in ihrem Blut gelöscht werden muss und dass man keine Gefangenen machen soll!«

JULIAN: Merkt, Herr Prokop! Der Kardinal und ich sind zweierlei … Auf den Kleiderstock weisend. Er dort … Ich hier! Ich bin nur ein ohnmächtiger Mann, der sich in Eure Hände gegeben hat …

PROKOP: Wisst Ihr, ob wir Gefangene machen?

JULIAN: Ihr habt in Böhmen Christum gefunden, behauptet Ihr … Wenn Euer Weg wahr ist, dann …

PROKOP: Dann? … *Er nimmt die Öllampe und leuchtet Julian lange und aufmerksam ins Gesicht. Die beiden Antlitze, jetzt die einzigen erleuchteten Flächen des Raums, verharren in gegenseitigem Anschaun. Prokop reißt die Proklamation entzwei und wirft mit einem Stift ein paar Worte auf die Rückseite.*

KLENAU *beim Tisch, während Prokop schreibt:* Recht so! Ein paar verlässliche Reiter und über die Nordgrenze mit dem Herrn, Bruder Prokop …

TSCHAPEK *ebenso:* Das ist eine anständige Lösung …

PARDUSCH *ebenso:* Gib Befehl, Bruder …

PROKOP *reicht Julian das Blatt:* Freies Geleite und sicherer Aufenthalt für Euch, Priester Angelo, in Böhmen. Sehet und suchet! Und jetzt, Gute Nacht … Halt, noch eins! … Ich möcht Euch wiedersehn.

Zwischenspiel auf der Straße

In der Nähe von Prokops Anwesen bei Ostrow an der Elbe. Prschibik von Klenau und Elisabeth, Prokops Frau, kehren von einem Spaziergang heim.

KLENAU *seine angenommene Hussitenart verwandelt sich der Frau gegenüber in wohlerzogene Anmut:* Ich dank Euch, Frau Elisabeth, für die gnädige Gunst dieses Morgengangs. Der erste schöne Tag seit so vielen Regenwochen! Und das Hochwasser der Elbe dort, der reißende Strom, die überschwemmten Wiesen, ein gewaltiger Anblick … Auch dank ich Euch für Euer Vertrauen …

ELISABETH *große, hellblonde Frau. Die Grundeigenschaft ihres Wesens, verletzter Stolz, kommt in der Geste zum Ausdruck, mit der sie ihren Kopf zurückwirft:* Ich hab zu viel geredet. Vergesst es, Herr von Klenau …

KLENAU: Nicht ein Wort habt Ihr gesprochen, das ich nicht empfinde und versteh … Aber warum nennt Ihr mich Herr von Klenau?

ELISABETH: Wir sind allein …

KLENAU *stehen bleibend:* Ihr irrt Euch. Ich will kein Herr sein. Ich hasse die Herren, brennender hass ich sie vielleicht als der Prokop … Aber wie treu ich auch bin … Ihr habt recht … Kindheit, Erziehung, erste Träume … Nur der Tod kann die Ritterschaft völlig aus einer Seele brennen … Man findet sich geschwisterlich unter Tausenden …

ELISABETH: Genau dasselbe ist's, warum ich aufrichtiger zu Euch war, als mir lieb ist … Ich bin in einem kölnischen Kloster erzogen …

KLENAU: So sagt mir doch, zum Teufel, Elischka … Warum habt Ihr ihn geheiratet?

ELISABETH: Geheiratet? Ist die ganze Welt nicht verrückt gewesen damals? Seid Ihr nicht aus dem Gleichgewicht gekommen, Klenau? Habt doch Vermögen und Stellung geopfert! … Und ich war ein kleines Mädel in Prag … Geheiratet? Ach! **Wir** haben uns öffentlich vor der Gemeinde erklärt. Irgendein Taugenichts gab uns zusammen. Ein Bursche ohne Chorrock, in Hemdsärmeln. Und auch ich durfte kein Brautkleid tragen, weil das römisch ist und althergebracht … Ohne Priester hab ich einen Priester geheiratet …

KLENAU: Jetzt versteh ich Euch nicht, Lischka … Wär ich ein Weib, sterben tät ich für Prokop. Der größte Mann Böhmens. Kaiser und Papst fürchten ihn … Wollen wir nicht schneller gehn, damit wir daheim sind, ehe er erwacht?

ELISABETH: Kein Grund zur Eile, Klenau! Prokops Gattin? Bin ich's denn? Wann seh ich ihn? Was weiß ich von ihm? Und er von mir? Halbe Jahre ist er fort. Und wenn er da ist … Ihr seid der erste Mann, mit dem ich seit Jahren gesprochen hab. Ein Bauernhaus mein Kerker! Eine harte Alte und eine verlotterte Junge meine Wächter! Ohne Hoffnung!

KLENAU: Ihr werdet sogleich über dies Bekenntnis erschrecken, Lischka. Seid ruhig! Hier ist es aufgehoben. Das Geschwisterliche zwischen uns, das Heimliche, hat's Euch entlockt. Nun wisst Ihr für allezeit, wo Euer Freund ist.

ELISABETH: Kommt endlich! Warum haltet Ihr mich auf? Möcht nicht gern gesehn werden mit Euch. Ihr habt eine sehr verschlagene Art, Frauenbeichtiger zu sein … *Sie gehen weiter.*

Zweites Bild

Auf Prokops Hof bei Ostrow. Schmucklose Stube. Stiege in ein oberes Stockwerk. Im Hintergrund eine Tür, durch die man die Küche sieht. Rechts Tür auf die Straße, links Tür auf den Wirtschaftshof.

PROKOPS MUTTER *große und magere Frau, die dadurch, dass sie fast blind ist, steif wirkt:* Stascha ... Stascha ...

STASCHA, PROKOPS SCHWESTER, *erscheint oben auf der Stiege. Schlank, fast hager:* Ja ... Ja, Mutter ... Schreit nicht so ... Prokop schläft noch ...

MUTTER: Schläft noch? Die Sonne brennt ... Alles verkehrt ... Wo sind Boschka und Mila, die Mädeln?

STASCHA *kommt herunter:* Fort nach Nimburg seit dem Morgengrauen. Dort ist heut eine große Versammlung aller Knechte und Mägde ... Der Knecht Tomek spricht übers Bibelwort: Die Letzten werden die Ersten sein.

MUTTER: Was? Heut, wo wir Waschtag haben? ... Fort? Und ohne die Hausfrau um Ausgang zu bitten? Diese schmutzigen Trampeln wollen die Ersten sein? *Draußen Marschgesang, Pferdegetrappel, Vorüberzug von Truppen.*

STASCHA *zum Fenster stürzend:* Feldrotten von Bunzlau ... Die mit den Falkenfedern ... Nach Nimburg auch ... Das sind Euch Kerle ... Und so geht's den ganzen Tag ... *Sie summt mit.*

MUTTER: Wo bist du? Fort vom Fenster! Immer nachwittern dem stinkichten Sündenpack.

STASCHA: Sündenpack? Ihr versteht rein gar nichts mehr von unserer Welt. Und dabei seid Ihr **seine** Mutter!

MUTTER: Ich versteh, dass alles auf mir liegt ... Gib den Milcheimer her ... Stell das Wasser aufs Feuer! ... Ich geh in den Stall.

STASCHA: Das ist mein Leben! Und ich bin schon fünfzehn alt.

MUTTER: Das ist mein Leben, und ich bin schon sechzig alt ... Mach mir die Tür auf! Keine drei Schritt weit seh ich mehr. *Ab in den Hof.*

STASCHA *zum Fenster:* Stinkichtes Sündenpack ... Den ganzen Tag ...

PROKOP *kommt die Treppe herunter.*

STASCHA *ihm entgegen, leidenschaftlich:* Also sag mir, Bruder, kurz und klar: Was die Mutter predigt, Sünde, Fegfeuer, ewige Straf, das ist alles altes Pfaffengewäsch, was?

PROKOP: Wozu fragst du mich solche Sachen, Schwesterchen?

STASCHA: Ich muss es wissen ...

PROKOP: Das geht unsre sehr gelehrten Brüder in Prag an ... Den Rokycana ...

STASCHA: Nicht Rokycana ... Sag, was du denkst!

PROKOP: Das Leben ist wichtig und nicht der Tod.

STASCHA: Das Leben! Ja! ...

PROKOP *zu Elisabeth und Klenau, die während der letzten Worte eingetreten sind:* Habt ihr das gehört? ... Sonderbares Mädel ... *Er nimmt Elisabeths Hand.* Frau ... *wendet sich aber sogleich an Klenau.* Klenau, wann kommen Pardusch und Tschapek?

KLENAU: Müssten schon hier sein von Nimburg ...

PROKOP *will Elisabeth umarmen. Sie aber biegt den Kopf zurück:* Ist das mein Willkomm? Nach dreimal dreißig Tagen?

ELISABETH: Nach dreimal dreißig Tagen ...

PROKOP: Nachts wollt ich dich nicht mehr wecken, als wir kamen ...

ELISABETH: Hab gewartet, dass du mich weckst.

MUTTER *kommt zurück, hört einen Augenblick der Szene zu und tastet sich dann in die Küche.*

PROKOP: Willst du mich strafen dafür, dass ich dir nicht mein Leben zumute? ... Wie oft verwehr ich mir's selbst, dich ins Lager zu rufen ... Zeig deine Augen, Lischka ...

ELISABETH *gepresst ausbrechend:* Wozu dies alles?

PROKOP: Wie meinst du das?

ELISABETH: Wie ich's sag! *Sie geht, das Weinen zurückhaltend, schnell, mit erhobenem Haupt, über die Stiege ab.*

PROKOP: Was hat sie? Geh zu ihr, Klenau! Du verstehst die Frauen. Ich tu immer das Falsche.

Klenau folgt Elisabeth nach.

MUTTER *bringt einen Becher mit Milch, den sie vor Prokop auf den Tisch stellt.*

PROKOP *lässt sich verstört nieder:* Kein Feiertag für mich ...

MUTTER: Lässt du der Welt ihre Feiertage, lieber Sohn?

PROKOP *gibt keine Antwort, trinkt.*

MUTTER: Warum hast du dir denn eine Feine genommen?

PROKOP *abweisend:* Weil sie die Richtige ist.

MUTTER: Die Richtige? … Jeden Morgen pflegt sie stundenlang ihre Hände … Die Richtige für Prokop … *Sie sucht mit umständlichem Arbeitseifer einen großen Korb und geht durch die Hoftür ab.*

STASCHA *die sich die ganze Zeit still abseits hielt, mit plötzlicher Wildheit:* Nimm mich mit dir, Bruder, ins Heer, in die Feldgemeinden, zu den Trossweibern … Ich kann Verwundete pflegen, nähen, waschen, was du willst … Nur nicht länger hier verkommen …

PROKOP *auffahrend:* Nie! Du bleibst!

STASCHA: Ach, anders redest du in den Versammlungen, anders zu mir. Da bist du streng wie ein alter Kantor … Allen Mädeln geht's besser als mir. Alle sind freier …

PROKOP: Die Mutter erblindet. Sie braucht dich.

STASCHA: Soll ich wegen der Mutter um mein Leben kommen, jetzt, wo die große Freiheit erkämpft ist??

PROKOP: Du dummer Fratz, komm her! *Er fasst sie bei den Händen.* Für die Freiheit der Schlumpen, die dreckige, sollen Hunderttausende Männer verreckt sein?! Ich hasse die Freiheit!! … Nein, Staschenka …

STASCHA *sich losreißend:* Ich weiß es längst schon … Du predigst mit zwei Zungen … Und doch … Ich halt's hier länger nicht aus … *Schluchzend über die Stiege nach oben.*

PROKOP *auf und ab gehend:* Alle … Keiner …

TSCHAPEK UND PARDUSCH *kommen.*

PROKOP: Nun?

TSCHAPEK: Abwatschen könnt ich mich selbst, Prokop, dass ich dich bei Taus nicht überzeugt hab. Wären wir nur vorgerückt, anstatt das Pulver zu begießen! Jetzt ist Pilsen abgefallen. Die Katholischen dort haben den Brüder-Rat auseinander gejagt und verweigern den Kelch …

PROKOP *ruhig:* Und was sonst?

PARDUSCH: Du zweifelst doch nicht, Bruder, dass Pilsen mit starker Hand vernichtet werden muss?

PROKOP: Schwächling, Pardusch! Bei dir hat stets der Letzte recht.

TSCHAPEK: Ja, gibt's da eine Frage noch? Von Pilsen darf kein Andenken übrig bleiben. Und das ist nicht alles. Unsre Partei muss gereinigt werden. Ich verdächtige Rokycana. Ich verdächtige ...

PROKOP: Vielleicht verdächtigst du auch mich, *Auf Klenau weisend, der herabkommt.* oder den da ...

KLENAU: Tschapek hat recht. Ich kenne manchen, der auf beiden Beinen hinkt.

PROKOP: Was für Menschen seid ihr? Kein Strahl kommt aus Euren Köpfen. Immer nur das Alte, das Schmutzig-Gewöhnliche.

TSCHAPEK: Welcher Feldherr duldet ein Krebsgeschwür in seinem Land?

PROKOP: Ausbrennen will ich's, feuriger, als du Verstand hast, zu fassen ... Was ist aus dir geworden, Tschapek?
Eingegangen ist in dich die widerliche Seele der Ritter und Eisenfresser. Haben wir nicht vor der ganzen Welt bekannt, dass der Krieg böse und verwerflich ist? Dass wir nur in Notwehr die evangelische Saat schützen?

TSCHAPEK: Ist das Schutz? ... Weiß nicht, ob ich dir auf deinem neuen Weg folgen kann, Prokop ...

PROKOP: Schweig, Tölpel! Wer bist du? Ich sage dir, du wirst mir folgen, solang ein Atemzug in dir ist ... *Nach einigen Schritten.* No, nimm's nicht übel, Tschapek! Wir schicken ein paar Dutzend Leute nach Pilsen, gute Redner vor allem und darunter dich. *Er gibt Pardusch eine dicke Schriftenrolle.* Hier der wahre Beginn! Die Verwirklichung! Wird ohne Landtag und großen Rat diktiert! Wir gehen noch heut auf die Prager Landtafel, Pardusch!

PARDUSCH: Der Entwurf, an dem du seit Jahren arbeitest ...

PROKOP: Grundenteignung und Aufteilung des böhmischen Landes, Brüder, an die Armen und Leibeignen. Bis zum Tabortag muss Vermessung und Gesetz durchgeführt sein. Nicht der Krieg überwindet die Welt, sondern diese Erfüllung. Denn überall gibt's Leibeigne und Roboter.

PARDUSCH: Verzeih mir, Prokop! Keine Stunde sollte man dir fern sein ...

KLENAU: Enteignung? Da muss man sich des Adels sogleich versichern. Am besten verhaften! Den Rosenberg ...

PROKOP: Wäre unklug. Bewachen genügt. Adel und Frauen sind dein Fach, Klenau! Die Herren übernimmst du … *Klopfen.*

JULIAN *tritt ein.*

PROKOP: Euch erwart ich schon lang, Priester Angelo! *Zu den andern.* Reitet voraus, Brüder! In Zelenec treffen wir uns. *Pardusch, Tschapek, Klenau ab.* Wahrhaftig, ich hab Euren Besuch erwartet, Angelo. Findet Ihr's nicht wundersam, dass der Mitarbeiter unseres blutigen Erzfeindes frei im Lande reisen darf?

JULIAN: Ich find es wundersam. Doch von Prokop überrascht mich das Wundersame nicht.

PROKOP: Mir gefällt's zu glauben, dass Ihr wirklich der innigste Mitarbeiter des Kardinals seid.

JULIAN: Umso inniger kann ich auch beurteilen, wie falsch und töricht er an Böhmen gehandelt hat.

PROKOP: Victoria! Habt Ihr gesucht und gefunden?

JULIAN: Gott erbarmt sich am liebsten der Leidenschaft und am unliebsten der Erstarrung …

PROKOP: Und wie steht's mit der Ketzerei in Böhmen, Priester Angelo?

JULIAN: Ich hab so viel gesehn, was mein Herz verwirrt … Doch eines weiß ich gewiss: Zwischen Euch und dem Kardinal sind mehr Wege, als Ihr denkt …

PROKOP: Meint Ihr, dass ich sie gehn will, diese Wege?

JULIAN: Ihr geht sie schon. Denn Euer Ziel und seins ist die Einheit!

PROKOP: Einheit? Römisches Gaukelwort für katholische Kirche!

JULIAN: Nicht die Kirche, wie sie ist! Doch nun tritt das Konzil in Basel zusammen, sie zu erneuern! Der Kardinal …

PROKOP: Ah! Denkt er etwa wieder an ein neues Kreuzheer?

JULIAN: Herr Prokop! Ihr habt bei Taus Julian zur Liebe bekehrt.

PROKOP: Liebe? In Eurem Mund ein weihwässriges Wort!

JULIAN: In Böhmen, scheint's, sind Worte mit Interdikt belegt.

PROKOP: Ja, Angelo, Tod den Worten! Ihr sollt Zeuge dessen sein, dass hier in Böhmen das Wort zum Fleisch wird. Weiß nicht warum, aber gerade Eure Zeugenschaft reizt mich gewaltig. Wir reiten jetzt nach Prag. Einverstanden?

JULIAN: Einverstanden? Ich hab nur dankbar zu sein …

STASCHA *schleicht vorsichtig, ohne von den Männern bemerkt zu werden, mit einem Bündel über die Stiege hinab und verbirgt sich in der Küche.*

PROKOP: Ich seh Euch noch eine Frage an ...

JULIAN: Prokop! Warum zerschneidet Ihr drei göttliche Wurzeln menschlichen Glücks?

PROKOP: Drei Wurzeln ...

JULIAN: Die Bilder ... Das Gebet ... Das jenseitige Leben ...

PROKOP *sieht ihn forschend an.*

JULIAN: Die Volkswut hat Kirchen und Klöster zerstört. Die übrig blieben, sind kahl wie elende Feuermauern ... Und wär die Menschheit blind ...

PROKOP *abschneidend:* Götzendienst!

JULIAN: Alles, die ganze Welt, Ihr und ich, sind nur Bilder, in denen Gottes Gegenwart wirkt.

PROKOP: Aus Euch spricht der Italiener.

JULIAN: Wer spricht aus mir, so ich ums Gebet jammre, um den Liebesgesang der todbesiegenden Seele?

PROKOP: Doppelt der Römer und ein Heide dazu!

JULIAN: Und das jenseitige Leben, Prokop? Wenn die Ewigkeit ein großes Nichts ist, was wäre dann die Zeitlichkeit?

PROKOP: Wenn wir's auch nicht vollenden, wir sterben dafür, dass diese Zeitlichkeit **hier hier** zur großen Ewigkeit werde! ... So, nun wisst Ihr alles! ... Wartet einen Augenblick! Ich nehm Abschied ... *Schnell über die Stiege nach oben.*

JULIAN *tritt in den Schatten der Stiege.*

STASCHA *läuft aus der Küche, bleibt einen Atemzug lauschend stehen und stürzt dann hinaus auf die Straße.*

MUTTER *kommt nach einer Weile. Sie stellt den Korb mit Krautköpfen hin und wittert, ob sie allein sei. Fernes Mittagsläuten. Sie bekreuzigt sich, geht zu einer Truhe und holt mit angstvoll eiliger Hand ein Madonnenbild heraus, das sie aufstellt. Inbrünstig betend kniet sie davor nieder.*

PROKOP *erscheint oben auf der Treppe.*

MUTTER *hört den Schritt, erschrickt, steht auf und dreht rasch das Bild um.*

Zwischenspiel auf der Straße

Wassergasse der Neustadt Prags. Klenau kommt mit Hostinsky, Stepanek, Tvaroch und anderen hussitischen Kriegsbrüdern.

KLENAU: Verstanden? Keine Gewalt! Waffen werden nicht mitgenommen. Ihr benehmt euch wie Menschen ...

HOSTINSKY: Hört ihr's Brüder? Wie Menschen! Wie freundliche, wie geschmeidige Menschen. Onkel Hostinsky spricht zu euch, der die Welt kennt. Lasset die Latrinenworte draußen! Bruder Klenau hat euch zu einer hohen Aufgabe auserkoren, zu einer politischen Manier, die das gewisse Etwas erfordert, das zierliche ...

KLENAU: Noch einmal! Ihr seid arme Leute aus den Rotten der Feldgemeinden, die Prokop jetzt auflöst. Ohn Unterkunft und Nachtlager kommt ihr nach Prag. Der Brüder-Rat beschließt, euch in den Stadtpalästen des Adels unterzubringen, wo Raum im Überfluss ist. Wo denn sonst, da seit Jahrzehnten nicht gebaut wird und Wohnelend herrscht. Hast du die Liste, Tvaroch?

TVAROCH *liest:* Die Paläste der Herren von Rosenberg, Neuhaus, Riesenburg, Sternberg, Wartenberg, Lobkowitz, Kolowrat ...

KLENAU: Gut! Eure Pflicht ist es, diese Herrschaften bei Tag und Nacht zu überwachen, genaue Aufzeichnung zu führen über Besuche, Briefe, Boten, die aus- und eingehn.

TVAROCH: Unter Žižka hab ich zwanzig Kriegswagen befehligt. Unter Prokop bring ich's noch zum gräflichen Türhüter.

HOSTINSKY: Ja, ja! Die Zeit wird feiner von Tag zu Tag. Halte Schritt mit ihr, Tvaroch! Schau mich an! *Er versucht sich in einer höfischen Verbeugung.*

TVAROCH: Eine feine Zeit, weiß Gott! Sie ist nicht mehr einäugig, sondern schielt mit zwei Augen. Ich beim Rosenberg oder beim Neuhaus!? Mein silbernes Ehrenzeichen da wird anlaufen.

STEPANEK: Zum Ulrich von Rosenberg? Verdammt noch einmal! Das war ja mein lieber gnädiger Herr, der mich gewatscht und karabatscht hat ...

HOSTINSKY: Verzeih ihm christlicherweise, Stepanek! Und ihr andern auch erhebet euch zum vortrefflichen Genusse des Verzeihens. Es ist nicht wahr, dass die Rache süß schmeckt. Sie ist eine versalzene

Suppe, die den durstigen Zorn nur steigert. Das himmlische Verzeihen hingegen mundet wie geschlagener Rahm mit Zimt und Zucker. Das sagt euch erstens ein alter Mann, der die Genüsse des Lebens sorgfältig unterscheidet. Und das sagt euch zweitens der berühmte Wirt vom »Wachsamen Regenbogen« in der Nekazanka, der mit allerlei Menschheit Umgang pflog und dennoch seine Würde wahrte ...

KLENAU *in die Hand klatschend:* Vorwärts, vorwärts, Brüder!

Alle ab nach verschiedenen Seiten.

Drittes Bild

Palast Ulrichs von Rosenberg auf der Prager Kleinseite. Großer Saal.
Links Eingang in die Hauskapelle. Im Hintergrund geheime Tapetentür.
Rechts reiches Portal, dahinter eine Freitreppe angenommen ist. Holicky
von Sternberg sitzt am Tisch, einen Weinbecher vor sich, den er un-
ablässig nachfüllt. Er ist schon in fortgeschritten angriffslustiger Stim-
mung. Ulrich von Rosenberg und Meinhard von Neuhaus treten aus
der Kapelle, gefolgt vom Haushofmeister Spalek und einem uralten
Pfarrer, der hastig seinen Chorrock ablegt.

ROSENBERG *stattlicher, noch junger Mann mit raschen scharfen Be-*
wegungen, in denen Schlagkraft und Spott liegt. Seine graziöse
Falschheit ist dadurch gemildert, dass er merklich mit Genuss sich
ihrer bewusst ist: Wir danken Euch, Herr Pfarrer, für Euren recht-
gläubigen Mut ... Habt keine Angst!

PFARRER *mit tiefer Verbeugung ab.*

ROSENBERG *zu Spalek, der dem Pfarrer folgt:* Sei auf der Hut, Spalek,
wenn sich was zeigt ...

STERNBERG *mächtige Statur, violett gedunsenes Gesicht. Es scheint*
von Suff und Selbstbewusstsein zerplatzen zu wollen. Trompetige
Stimme. Er spricht nicht, sondern schießt seine Sätze ab: Also, das
find ich echt hussitisch, dass Ihr mir die heilige Mess' verwehrt.

ROSENBERG: Die hört man nüchtern.

STERNBERG: Ich trete vor Gott als ein Herr vor den Lehensherrn.
Und was den Wein anbetrifft, sind große Herren nachsichtig ...
Ihr aber verzeiht nur das viehische Fressen, denn Euer Geist zeigt
schon ganz das heimische Mehlspeisgepräge ...

ROSENBERG: Nimm die Reste des Deinigen zusamm'. Es geht um
den Kopf jetzt. Neuhaus, du musst fort ...

NEUHAUS *er ist das reine Gegenteil Rosenbergs, langsam, willens-*
schwach, geistesmüd und deshalb eine Marionette in Händen des
starken Charakters: Wird's helfen? ... Zudem hab ich ein gräuliches
Erkältungsfieber.

ROSENBERG: Da unser böhmischer Adel aus Süffeln und Ornamenten
besteht, wird's kaum helfen.

NEUHAUS *nimmt ein Blatt vom Tisch und liest:* »Artikel eins: Die Erde Gottes gehört allen ...« Nein, der Prokop!

ROSENBERG: Sein gewaltigster Hieb, dies Blatt hier! Uns schadet's mehr als alle Tauser Niederlagen. Wenn der Bauer Land wittert, verzeiht er Prokop seine Leiden. Wir müssen emigrieren. Du, Neuhaus, kannst dann bei Bürgern im Ausland Reitlehrer werden und du, Sternberg, bestenfalls ein angejahrter Schankbursche.

STERNBERG *erhebt sich feierlich:* Ulrich ... Ich mach dich geziemend aufmerksam ... dreihundertdreiundzwanzig Satisfactionen liegen hinter mir ...

ROSENBERG: Also Fechtlehrer meintswegen! ... Herren, es ist kein Spaß. Uns bleibt nichts übrig, als der Enteignung zuvorzukommen. Wir selbst müssen unverzüglich die Robot aufheben und alle Abgaben erlassen. Dieserhalb reitest du noch heut, Neuhaus. Das Fieber mag dir den Galopp heizen. Pilsen ist unser letzter Rückhalt. Gerade im Pilsner Kreis spielst du den Hussiten. Hast in deiner Jugend ja eh an Darmschwäche der Brüderlichkeit gelitten. Setz also dein dümmstes Gesicht auf und küss die schmutzigsten Bauernschnauzen ... Ich selber reit noch diese Nacht nach Frauenberg ... He, Spalek! *Spalek kommt.*

ROSENBERG: Sind die Prager Bürger Ach und Ichgereut schon hier?

SPALEK: Nein, Herr Graf. *Ab.*

ROSENBERG: Geld brauchen wir, Geld! In die Bauern setz ich noch Hoffnung. Sie sind die unbewegte Erinnerung selbst. Wenn wir die Lasten ihnen abnehmen zeitweilig, hol's der Teufel, eine königstreue Bauernwehr aufzustellen, sollte doch nicht unmöglich sein. Die Deutschen in Böhmen haben wir auf alle Fälle. Und ein paar blöde tschechische Schullehrer müssen wir auch noch auf unsere Seite bringen ...

NEUHAUS: Warum die?

ROSENBERG: Halbwissende Hungerleider neigen immer zu aufgeregter Gesinnung. Und ohne aufgeregte Gesinnung wird nichts ausgerichtet in dieser Zeit. Die Hauptsach aber ist Geld, Geld und blitzige Schnelligkeit!

STERNBERG: Hör, Ulrich! Wenn du mir die Robot, die Giebigkeiten und Zehnten entziehst, wie soll ich dann, o Freund, den Juden meine Schulden bezahlen?

ROSENBERG: Mein Kummer nicht!

STERNBERG: Demnach wär ich gezwungen, in gewissen Städten und Gemeinden Judenverfolgung zu veranstalten. Tät mir leid um die Juden. Sie zaubern Geld und sondern sich ab. Beides gefällt mir.

ROSENBERG: Noch eine Bresche im Wall, Herren! Der Rundbrief des Kardinallegaten Julian, der da plötzlich kursiert. Nach der Kreuzzugpredigt dieser demütige Ton der Lieb und Milde! Sonderbar ...

NEUHAUS: Hältst du den Brief für echt? Ohne Ort und Datum?

ROSENBERG: Julians Schrift und Siegel zweifellos ... Wenn Prokop ... Wenn sie sich umstimmen lassen, wenn sie Gehör nehmen beim Konzil ... Herren, ich wag's nicht zu denken ...

NEUHAUS: Ach, dieses Konzil! Wozu kann's schon gut sein?

ROSENBERG: Ich weiß es nicht. Die Kirche aber weiß es gewiss. Überdies hat meine Nase brenzlige Witterung. Ich bin kein Rechenmeister, sondern nur ein Jagdhund der Zusammenhänge ... So, und jetzt dürft Ihr rücklings vom Stuhl fallen, Freunde! Rokycana, der große Hussitenpapst, hat sich heimlich ansagen lassen hier ...

SPALEK *meldet:* Graf und Gräfin Alesch von Riesenburg.

ROSENBERG *den Gästen entgegen gehend:* Sehr gelegen ... Welche Freude!

ALESCH UND DRAHOMIRA VON RIESENBURG *treten ein. Er, todernst, hager, korrekt. Sie, noch jung, lässt mit ihrer ungeheuren Zungenfertigkeit keinen andern zu Wort kommen.*

DRAHOMIRA: Wir wollten nicht verabsäumen ... Nur im Vorüberflug ... Ah, lieber Neuhaus, lieber Sternberg, wie geht's? ... Unsre vielen Verpflichtungen ... Mittags sind wir bei Wartenbergs ... Zur Vesper führt der italienische Tanzmeister der Lobkowitze die neuen Kontraschritte vor ... Dann noch Kolowrat, Kunstatt ... Abend ... Mein Gott, was ist nur abends? ... Der Kopf schwirrt uns ... Ihr verzeiht, Rosenberg, wenn wir nur einen Augenblick verweilen können ...

ROSENBERG: Darf ich mit Trunk und Imbiss aufwarten?

DRAHOMIRA: Nein, nein ... Mein Gatte, der Graf, dankt ... Der Leibarzt warnt vor Zwischenmahlzeiten ...

RIESENBURG *küsst Drahomira die Hand:* Mein lieber Schutzengel! ... Manches ist zu besprechen, Rosenberg ...

DRAHOMIRA *ins Wort fallend:* Zu besprechen, ja natürlich … Wissen die Herren schon von kaiserlicher Gnade … Seine Majestät haben uns, das heißt dem Grafen, meinem Gatten, den goldenen Drachenorden übersandt … Es ist die höchste Auszeichnung der Welt … Nur vierundzwanzig Ordensritter … Die allergrößten Namen … Schatz, willst du den Herren nicht die Insignia vorweisen ...

RIESENBURG: Lass das, meine gute Drahomira! … Ich ...

DRAHOMIRA: Immer steht er sich selbst im Licht … Ihr kennt ihn, Rosenberg … Diese edle Bescheidenheit … Wirst du vielleicht auch den Herren verschweigen, dass ein Brief kaiserlicher Majestät beigelegen ist, der uns, das heißt dir, falls Ordnung wiederkehrt, die Reichsverweserschaft in Böhmen zusichert?

STERNBERG: Keine Angst vor Ordnung in Böhmen, schöne Frau!

DRAHOMIRA: Seht ihn doch an! Taugt ein andrer zu solchem Amt? Auch haben wir uns ja zur Nation bekannt ...

STERNBERG *haut auf den Tisch:* Ich hoffe, kein Glied des Adels tut das! National? Das ist die Gemeinschaft der erbosten Esel, die nur eine einzige Sprache beherrschen. Das austauschbare **Nichts** ist national, damit es überhaupt **Etwas** sein darf. Ich bin kein Deutscher, kein Tscheche, ich bin ein Herr!

RIESENBURG *einlenkend:* Ich wollt etwas anderes … Der Rundbrief des Kar ...

DRAHOMIRA: Man muss doch die eigne Zeit verstehn lernen. Das große Heute ...

STERNBERG: Dieses große Heute, meine Dame, ist spätestens morgen schon vorgestern.

ROSENBERG *mit erhobener Stimme:* Das Rundschreiben Julians ...

DRAHOMIRA *unterbrechend:* Ja, das Rundschreiben … Man kann's doch nicht billigen, dass Ketzer und Empörer flehentlich gebeten werden, sich gnädigerweise durchs Konzil versöhnen zu lassen ...

ROSENBERG: Irrtum! Der höchste Vorteil, vielleicht unsre Rettung liegt darin. Und Ihr, holde Klugheit, seid ganz die Frau, den törichten Hochmut der Paläste zu bekämpfen und damit den Boden vorzubereiten für die Ordnung in Böhmen und die Reichsverweserschaft Eures Gatten.

DRAHOMIRA: Wenn Rosenberg so spricht … Der größte Mann böhmischen Adels … Aber natürlich … Mit Leidenschaft übernehme ich die Aufgabe … Sie macht mich überglücklich … Der Rundbrief ist ein Segen … Wer kann noch zweifeln? … Auf zu Wartenberg, Lobkowitz, Kolowrat … Wir wollen keinen Augenblick verlieren … Komm, Schätzchen … Lebt wohl … *Ab.*

ROSENBERG *geleitend:* So schnell? Wollt Ihr nicht …

RIESENBURG *hält ihn im Portal zurück:* **Diese** Frau! Sag, bin ich nicht glücklich zu preisen?!

ROSENBERG: Du verdienst dein Glück.

Beide ab.

STERNBERG: Eine Funsen!

NEUHAUS: Sechzig Jahre und sechsundzwanzig. Auf dem Feuer der Entbehrung kocht ihr Ehrgeiz über …

STERNBERG: Vergiss nicht, sie ist aus kleiner Familie.

ROSENBERG *kommt mit den Bürgern Ach und Ichgereut zurück.*

STERNBERG: Der Umsturz hat alles beseitigt, nur die Titel nicht. Um Gottes willen, Neuhaus, wie spricht man einen Selcher oder Wirkwarenhändler an?

NEUHAUS: »Eure Wohltüchtigkeit«, mein ich …

ROSENBERG: Die ehrenwerten Bürger Prags, Ach und Ichgereut …

Man setzt sich.

Ihr wisst also, wessen wir gewärtig sein müssen?

ACH UND ICHGEREUT: Voll und ganz, Euer Hochedelgeboren!

ROSENBERG: Man wird uns alles nehmen … Wir Standesherren freilich haben unser Vaterland überall. Ich bleibe Rosenberg und Grundherr am Rhein und in Toskana … Jedoch der Bürger? Was besitzt ihr, lieber Ach und Ichgereut?

ACH *lebenslustig-weicher Bürger:* Mit Vergunst, Euer Hochedelgeboren, Gott war mir gnädig … Die drei Häuser in der Altstadt, die Weinberge bei Melnik, bei Unhoscht die Wälder, die Fuhrwerkerei, die Wursterzeugung im Goldnen Engel …

ICHGEREUT *hagerer, sorgenbeschatteter Bürger:* Ja, ja, Euer Herrlichkeiten, er ist reich, und ich bin ein Schlucker …

ACH *zornig:* Wie kannst du das sagen, Ichgereut? Du bist ja reicher als ich … Euer Hochgeboren, das ist sein Wahnsinn … Immer hat er die Angst, einmal als Bettler zu enden …

ICHGEREUT UND ACH *fangen zu zanken an:* »Wie? Ich bin reich?«
… »Du rechnest immer herunter« … »Und du rechnest immer
hinauf« … »Was, und meine fünf Kinder?« … »Was, und dein
Brauhaus in Michle?«

ROSENBERG: Wozu Streit? Machet ein Kreuz darüber!

NEUHAUS *schiebt ihnen das Blatt mit Prokops Verordnung zu:* Da!
Lest Prokops heiligen Text!

ICHGEREUT *liest:* »Die Erde Gottes gehört allen Menschen« …
Aufjammernd. Ja, was gehört dann mir? … O Gott, o Gott, und
wir haben uns doch zum Kelch bekannt … Helft uns, Eure Herr-
lichkeit …

ROSENBERG: Hab an euch beide gedacht, lieber Ach und Ichgereut,
unter allen Kaufleuten einzig an euch beide!

ACH *dem merklich ein kalter Schauer über den Rücken läuft:* Oh,
unverdiente Ehre …

ROSENBERG: Doch ihr müsset schwören, über die hohen Staatsge-
heimnisse zu schweigen, in die ihr demnächst eingeweiht werden
sollt! *Die Bürger schwören.*
Nun höret! Ich hab's durchgesetzt, dass ihr als vollgültige Mitglieder
unsres heimlichen Adelsbundes zu gelten habt. Von diesem Augenblick an dürft ihr uns hier alle »du« nennen.

ACH *in seliger Bestürzung:* Adelsbund! … Gott steh mir bei! … Ihr
und wir …

ROSENBERG: Unser Kampf gilt dem Wiederaufbau des Vaterlandes
und somit der Erhaltung eures Vermögens. Die Gegenleistung ist
mäßig. Hier ein leeres Blatt: Ihr eröffnet die Subskription. Der
Beitrag für euresgleichen beträgt hundert Goldgulden!

ICHGEREUT *erschrickt zu Tode:* Hundert Goldgulden!! … Ach, das
Elend! … Euer Hochgeboren … Die schlechten Geschäfte … Der
Steuerdruck … die unverschämten Löhne …

ACH: Die hohe Ehre … Der Adelsbund … *Zieht Ichgereut abseits
und spricht wild auf ihn ein.*

ROSENBERG: Bist du noch immer hier, Neuhaus?

NEUHAUS: Wenn's denn sein muss! Dein Temperament, Rosenberg,
kostet mich meine Gesundheit … Schickt mir Botschaft nach Pilsen!
Ab.

ROSENBERG: Sternberg! Du schreibst dieser Tage an Kaiser Sigismunds Majestät. Vergiss nicht der allzeit getreuen Prager Ach und Ichgereut zu erwähnen.

STERNBERG: Schließlich sind auch unsre hohen Vorfahren von Carolus Magnus in den Herrenstand versetzt worden. Nur andre Namen müsst ihr annehmen, Eure Wohltüchtigkeiten! Ach, du heißest wie ein Wehlaut und du, Ichgereut, wie ein Gewissensbiss! Sind das Namen für so muntere Ahnherren?

ACH *zieht den widerstrebenden Ichgereut zum Tisch, zwingt ihn zu unterschreiben und unterschreibt selbst. Dann macht er sich mit gewaltiger Überwindung Luft:* Du, Rosenberg!! ... Du, Sternberg!! ... Ich lad euch für Sankt Gallitag gebührenderweise in mein Prager Stadthaus auf einen Löffel Suppe ...

SPALEK *meldet:* Der Bewusste!

STERNBERG: Welchen Wein spendierst du zu deiner Wassersuppe, o Ach?

ACH: Burgunder vom Elferjahr!

STERNBERG: Ach, ich komme.

SPALEK *komplimentiert auf einen Wink Rosenbergs die Bürger schnell hinaus.*

ROSENBERG *öffnet die Geheimtür und lässt den Magister Jan Rokycana eintreten:* Hochwürdiger Magister, ich dank Euch. Trotz allem, was uns trennt, findet Ihr in mir einen Bewunderer und guten Freund ... Der Sternberg!

ROKYCANA *hoher Mann in mittleren Jahren, mit schmalem Gesicht, Spitzbart und ironisch verschleierten Augen:* Ich finde gute Feinde hier, mein Herr Graf. Können uns in mancher Lage des Lebens dienlicher sein als Freunde. Ich komme ...

ROSENBERG: Wegen des Julianbriefs!

ROKYCANA: Was denkt der Adel darüber?

ROSENBERG: Ich will die reinste Wahrheit sagen.

ROKYCANA: Sie war noch immer die listigste Politik.

ROSENBERG: Der Adel, Magister Rokycana, ist gegen den Brief des Kardinals, gegen das Basler Konzil, gegen Einigung und Frieden. Er schwärmt wie immer für Schwert, Kreuzzug und blutige Bereinigung. Ich jedoch liebe mein Vaterland, mein süßes Böhmen ...

ROKYCANA: So geht's Euch wie mir. Auch meine Brüder sind für Schwert und Feuer. Sie haben bewiesen, dass keine Gewalt der Welt je dem göttlichen Gesetz gewachsen sein wird, für das sie seit Jahrzehnten siegen. Ich aber meine, die Zeit sei gekommen jetzt, unsere Ernte zu bergen. So will ich denn am großen Tabortag unter die Brüder treten und mutig für Basel wirken. Machen wir's uns klar. Einen Augenblick lang berühren sich unsere feindlichen Kreise, Herr von Rosenberg. Drum bitt ich, alle Machenschaften zu unterlassen und mir nicht in den Rücken zu fallen. Denn ich muss gegen alle kämpfen, selbst gegen die Kollegen der Universität.

STERNBERG: Haben meine hohen Vorfahren nicht recht gehabt, als sie sich wider Stiftung der Universität sträubten? Alles Übel kommt von der Bildung. War Christus, der Herr, gebildet?

ROKYCANA: Sagt ein Sternberg, Christus, »der Herr«, lässt er sich hörbar herab, den Zimmermannsohn für ebenbürtig zu halten. Die Herrschaften haben den Geist immer gehasst.

STERNBERG: Der einzige Geist, den Universitätsprofessoren besitzen, ist der Parteigeist ...

ROSENBERG: Lasst ihn! Er verrät seine Mutter für einen schlechten Witz.

ROKYCANA: Der Witz der Herren hält genau die erlauchte Höhe ihres Wissens.

Lärm draußen.

SPALEK *atemlos:* Ein Bruderhaufen mit Quartierblatt vom Rathaus ... Begehren Vorsprache ...

ROSENBERG *lachend, als hätte er's erwartet:* Herein mit ihnen!

ROKYCANA: Ist mir peinlich über die Maßen ...

ROSENBERG *führt ihn in die Kapelle:* Hier in die Hauskapelle, Meister! Und nehmt keinen Anstoß an meinen schönen italienischen Bildern! Keine Angst! Es sind nur Kunstwerke.

STERNBERG *aufschwankend:* Du lässt den Pöbel über die Schwelle, Ulrich?! Dann werd ich ... *Er zieht halb.*

ROSENBERG: Einstecken, Ochse!

Klenau mit Stepanek und andern Hussiten.

KLENAU: Wir kommen in Frieden, Rosenberg! Die Not zwingt uns, für diese tapfern Brüder Herberge anzufordern.

ROSENBERG *überströmend liebenswürdig:* Willkommen! Ich betracht euch als liebwerte Gäste!

STERNBERG *auf Klenau zu:* Gäste?! ... Dich kenn ich ja, Ritter vom Hurenstrich? ... Hast du nicht am Kaiserhof zu Ofen den angejahrten Cour-Damen beruflich den Podex getätschelt, bis man dich hinauswarf? ... Bedienst du eine andre Sau jetzt, Arschkriecher des Pöbels!? ...

KLENAU *Hand am Degen:* Was will der Kerl?

STERNBERG *brüllt:* Arschkriecher des Pöbels alle!

ROSENBERG: Ihr seht ja. Bring ihn zu Bett, Spalek!

STERNBERG: Keinen Spalek brauch ich ... Sternberg bringt sich selbst zu Bett ... Freiheit, ha ha?! ... **Ihr** seid Sklaven der Sklaverei, nicht ich! ... Ihr schneuzt euren winselnden Hirnrotz aufs Kommando gehässiger Selbstbeflecker ... Sternberg allein ist frei ... Sternberg bleibt Sternberg. *Taumelt durch die Geheimtür ab.*

STEPANEK *der sehr verlegen ist, wird von den Brüdern vorwärtsgestoßen:* Rosenberg ... he he ... Brüderchen, gottverfluchtes ... Wie geht's? ...

ROSENBERG: Sieh da, alte Bekannte! ... Was, Spalek? ... Dem hier übergib die Kellerschlüssel! ... Er kennt sich aus ... Ihr sollt bei uns nicht nur wohnen, sondern auch bewirtet werden ...

STEPANEK *versucht vorsichtig, Rosenberg auf die Schulter zu klopfen:* Da schaust du ... Herzchen goldenes ...

ROSENBERG: Ich weiß. Du warst mir ein fingerfertiger Diener und ich dir ein handfertiger Herr ... Jetzt aber hab ich gelernt, dass die Erde allen gehört. Ich will mit euch teilen, Brüder! *Gießt zwei Becher voll und reicht Stepanek den einen.* Stoß an, Kleiner! Die Teilung soll leben! Und jetzt, Spalek, aufgekocht und aufgetischt! Lasst mir keinen Wein übrig, liebwerte Gäste! ... Ritter Klenau, du gibst mir, deinem neuen Bruder, doch die Ehre?

STIMMEN: Hoch, Rosenberg!

ROSENBERG *leise zu Spalek:* Wenn sie alle voll sind, die Pferde vor! *Laut.* Und nun in den Speisesaal, meine herzlieben Gäste!

Zwischenspiel auf der Straße

Landstraße vor Tabor. Der Starosta (Aldermann) von Nemischl kommt rechts und der Starosta von Jilowitz links.

JILOWITZ: Bist du nicht der Mikulasch aus Nemischl? ... Schönes Wetter heut!

NEMISCHL: Mir gefällt's nicht. Hochwasser im Frühling, dürrer Sommer. Im einundzwanziger Pestjahr war's genauso.

JILOWITZ: Die Pest kommt nicht vom Wetter, sondern von unbegrabenen Leichen ... Nach Tabor, he?

NEMISCHL: Dumme Frage! Mir scheint, du bist irgendwoher aus dem Süden. Von der österreichischen Grenze. Weiche Leute, unzuverlässige, dort! Halbe Deutsche!

JILOWITZ: Der Adam von Jilowitz bin ich. Meine treue Gemeinde kommt hinter mir mit Fahnen, Weibern und Kochkesseln ...

NEMISCHL: No, hab ich dir den Süden nicht angerochen, Adam?

JILOWITZ: Ich hab dich früher erkannt. War einmal in Nemischl vor Jahren. Wie geht's bei euch?

NEMISCHL *eingelernt pathetisch:* »Das göttliche Gesetz ist wieder hergestellt, und die Außenstänner sind gereutet.« *Geschäftsmäßig.* Von der Herrschaft haben wir den alten und den jungen Herrn aufgehängt, die andern laufen lassen ... Land hat die Gemeinde nun, viel hundert Hufen für jedermann. Aber dennoch stinkt's. Nichts als Streit und Keppelei. Pflug und Zugvieh fehlen. Dazu müssen wir den Städten und Kriegsrotten für jeden neuen Acker drei Malter Getreide abliefern. Wenn ich nach der nächsten Ernte meinen Kopf noch aufhab, wird's mich wundern ... Und wie werdet ihr Jilowitzer mit dem göttlichen Gesetz fertig?

JILOWITZ: Das ist dir so eine Geschichte, Bruder Mikulasch. Verhungert waren wir ganz und gar. Da lässt eines Tages der Rosenberg, unsere Herrschaft, austrommeln, dass keine Robot gilt, dass alle Zehnten aufgehoben sind und nichts mehr abgeliefert werden muss auf den Burgen. Dann hat er uns drei neue Pflüge und Eggen geschenkt ...

NEMISCHL: »Ungetreue Heuchler«, nannte unser Väterchen Žižka Leute euresgleichen. Ihr geht mit den Herren. Anzeigen sollt ich euch beim Brüder-Rat! Viel mehr sollte man anzeigen! Große Nachlässigkeit reißt ein. Vielleicht werd ich euch anzeigen, damit sich Prokop einmal Jilowitz anschaut! Pflüge vom Rosenberg! Das fehlte noch, dass es den Ungetreuen besser ergeht als uns, »die wir sonnenhell und fleckenlos wandeln« … Habt ihr euer Hab und Gut aufgeteilt, wie's geboten ist? Gibt's keine Reichen mehr bei euch?

JILOWITZ *kleinlaut:* Wo sollen die Reichen herkommen? Fünfmal wurde das Dorf angezündet. Dreimal von den Tabor-Brüdern! Das göttliche Gesetz, Bruder, oje, ich scheiß dir drauf. Vom Gesetz haben nur die Folterknechte und Schinder ein Vergnügen … Und ihr? Ihr habt aufgeteilt?

NEMISCHL: Wir? Die Strengen und Reinen im Lande? Jede Sichel gehört der Gemeinde, jede Spindel, jeder Topf. Der Rock, den ich hier anhab, gehört der Gemeinde, die Mütze, der Gurt … *Er schlägt sich so leidenschaftlich auf die Brust, dass sich ein verborgener Beutel von seinem Gürtel löst und herunterfällt.*

JILOWITZ *blitzschnell aufhebend:* Oha! Und dieser vollgefressene Beutel auch?

NEMISCHL: Gib her! Ich bin der Vorstand. Mit diesem schmutzigen Gelde kauf ich für die Gemeinde alles, was sie braucht.

JILOWITZ: Heut ist doch kein Wochenmarkt.

NEMISCHL: Heut ist Wochenmarkt der Gerechtigkeit, Mensch! Tabortag! Und dieses stinkige Geld opfre ich in die Kufe der großen Gemeinde, damit neue Bombarden und Haufnitzer gegossen werden können, um die Welt zu bekehren. Wenn aber die Welt durch unsre Geschütze bekehrt ist, wird es überhaupt kein Geld mehr geben. *Verächtlich.* Das hier sind nur drei Schock Prager Groschen … In die Kufe!

JILOWITZ: Dabei lass du mich zuschaun, Bruder!

Inzwischen sind von beiden Seiten mit Gesang und Dudelsackmusik die Gemeinden von Jilowitz und Nemischl aufgetaucht. Männer, Weiber, Kinder. Voran die Fahnenträger mit den Kelchfahnen, auf denen die Inschrift zu lesen ist: »Veritas omnia vincit«. Viele Bewaffnete mit Spießen und Dreschflegeln sind unter den Leuten.

Der Vorhang hebt sich.

Viertes Bild

Hügelkuppe bei Tabor. Vordergrund: Waldlichtung der Hochfläche. Rechts am Waldesrand ein Holzstoß. Mittelgrund: Das große, für den Zuschauer unsichtbare Tal, wo das taboritische Volk lagert. Musik und dumpfes Stimmengewirr von fünfzigtausend Menschen dringt empor. Hintergrund: Entrückte Hügelwellen. Auch auf ihnen die Ahnung von Fahnen, Aufzügen, Bewegung.

PARDUSCH *hinter dem einige Ordner stehn, ruft den Gemeinden zu:* Legt eure Waffen ab, Brüder! Prokop befiehlt's. Wir feiern einen Tabortag wider die Gewalt. Kein Bewaffneter wird zugelassen zur Versammlung. Hier, Brüder! Auf diese Haufen rechts und links, Gemeinde für Gemeinde!

DIE ORDNER *nehmen den Leuten ihre Spieße und Dreschflegel fort und legen sie zuhauf. Rokycana kommt auf der Straße. Vor ihm ein Mann, der auf einer langen Stange ein großes Kelchsymbol trägt. Rokycanas ansichtig werdend, rufen einige:* »Rokycana! Seht, Rokycana! Gott grüße dich, Väterchen.« *Sympathie, aber keine Begeisterung liegt in den Rufen.*

ROKYCANA: Dank, geliebte Brüder! Folgt mir, ich bitt euch, den kurzen Weg zum Taborstein, den Gott selbst uns zum Altar errichtet hat. Ein Altar ohne Kirche, ohne Prunk und menschlichen Zusatz. Dort sollt ihr das Sakrament des Kelches empfangen, von dem wir nicht ablassen, und wenn die ganze Welt uns darob ausrotten will. Dann aber möcht ich zu euch ein freies Wort reden über Psalm neunundsechzig, Versus fünf: »Sie hassen mich ohne Ursache.« Gott möge uns Gedanken schicken, wie wir's abwenden, dass die Welt uns nicht mehr hasse. Kommt! *Ab.*

In diesem Augenblick hört man von der Straße her donnernden Jubel einer sich näher wälzenden Menge: »Prokop, Prokop, Bruder Prokop!« *Prokop erscheint auf der Straße, von einem frenetischen Menschenknäuel umdrängt. Julian hinter ihm. Die Bühne füllt sich sogleich mit einer berauschten Masse. Fahnen werden geschwungen, Dudelsäcke rasen. Prokop, der nur langsam vorwärts kommt, ist sehr ernst. Alte Leute knien vor ihm und küssen sein*

Gewand. Frauen heben ihre Kinder ihm entgegen. Kranke und Krüppel auf Krücken umschwärmen ihn wie einen Wundertäter.

STIMMENGEWIRR: Bruder Prokop, unser Engel! – Du unser Stolz! – Dieser Bub ist nach dir benannt. – Denk an mich, Bruder, ich bin ein Bettler. – Auch mir ein Stück Land, Bruder! – Hilf mir, Bruder! – Bei Taus verwundet! – Prokop! Prokop! – Sei stark, Wohltäter! – **Wir** Frauen wollen Frieden endlich! – Mach ein Ende mit den Ausbeutern! – Rühr diesen Arm an, Mensch Gottes! – Prokop!

PARDUSCH *der die Hilflosigkeit Prokops sieht, gibt den Ordnern einen Wink und ruft über die Menge:* Brüder und Schwestern, geht! Hier auf der Kuppe darf niemand verweilen. Ins Tal, zur Versammlung, Brüder und Schwestern!

Die Menge wird von den Ordnern abgedrängt und verschwindet im Tal. Prokop und Julian allein.

JULIAN: Die große Liebe der Menschen hat Euch erschöpft, Prokop ...

PROKOP: Wenn sie so nahe kommen ... Antlitz für Antlitz ... Seht, seht ... Dies dort unten ist größer, viel größer ... *Er bleibt im Anblick des wimmelnden Tals versunken.* Fünfzigtausend ... Und es könnten hundert- und zweihunderttausend sein ... Dort, seht, bis nach Chotovin lagern sie und an der Luschnitz hinauf, an den Ufern unsres lieben Jordan ... Und alle **Ein** Leib ... Spürt Ihr das große Geheimnis? ... Dort unten ist die Einheit, die wahre Kirche, das Sakrament, darob sich nicht zweifeln lässt ... *Sieht Julian an.* Ihr seid gänzlich unbewegt. Das hätt ich mir denken können.

JULIAN: Nein, Prokop! Ich sehe dies schöne Bild und doch ein andres zugleich. Die festliche Masse dort unten. Und im nächsten Augenblick eine schwarze brüllende Wolke ...

PROKOP: Die Witterung des Edelmanns. Ihr werdet uns nie begreifen.

JULIAN: Heiß müh ich mich, mein Selbst zu vergessen und Euch zu begreifen.

PROKOP *immer ausblickend:* Seht Ihr dort zwei Finger östlich von Chotovin den großen Flecken? ... Es ist Bergstadt, ein deutscher Ort ... Die Deutschen im Land sind Tabors bitterste Feinde ... Unausrottbar steckt der Herrendienst in ihnen ... Die Inbrunst unsres Volkes hassen sie … Und dennoch, unbehelligt dürfen sie leben … Eine Wegstunde weit von Tabor … Dieses Bergstadt, Angelo, ist mein großer Stolz … Auch die Deutschen werden erwachen … Auch sie wird die Wahrheit zusammenschmelzen mit uns …

KLENAU *kommt von rechts auf der Straße:* Mehr Volk als wir geahnt. Hier ist die Straße schon frei. Aber von Borotin sind alle Wege noch verstopft vom Zuzug.

Im Mittelgrund taucht Rokycanas Gestalt auf, als stünde sie auf einer freiragenden Felsplatte überm Tal. Dem Zuschauer ist nur sein Viertelprofil sichtbar. Niedriger als er erscheinen ekstatische Brüderköpfe, an deren Lippen er den Kelch führt.

TSCHAPEK *kommt von links auf der Straße:* Immer die gleiche Unordnung bei uns! Viel zu wenig Redner sind vorgesehen. So bekommt der Beschwichtigungssalbader, der Rokycana, alles in die Krallen. Und er verkauft die Wahrheit um den nächstbesten politischen Vorteil.

PROKOP: Ja, ich weiß, Tschapek. Nur dort, wo du stehst, ist die lautere Wahrheit.

KLENAU: Ein Wort, Bruder Prokop! *Er zieht ihn zur Seite.* Du musst dich vor den Rotten des Tschapek in Acht nehmen. Zusammengewürfeltes Raubzeug, wir wissen's ja. Ich hab Wind bekommen, dass sie den Festtag stören wollen. Deshalb hab ich fünfhundert meiner eignen Leute in den Wald gelegt …

PROKOP: Schick sie nach Haus!

TSCHAPEK: Ein Wort, Bruder Prokop. *Zieht ihn auf die andre Seite.* Ich warne dich vor dem Klenau. Herr bleibt Herr trotz allem …

PROKOP: Lass mich in Ruh mit dem Lied …

PARDUSCH *kommt von hinten:* Brüder! Rokycana hat begonnen. Prokop und wir Feldhauptleute sollen zum Kelch.

PROKOP: So gehn wir! … Priester Angelo, du wirst das Sakrament mit uns empfangen.

JULIAN: Nein! Das werd ich nicht.

PROKOP: Was heißt das? Warum?

JULIAN: Weil ich nicht zu euch gehör. Weil ich ein Gast bin in Böhmen.

PROKOP: Du lebst nunmehr lang schon unter uns, Priester Angelo. Willst du jetzt beweisen, dass du ein kaltrechnender Heuchler bist?

JULIAN: Ich bin ein gehorsamer Sohn der heiligen Kirche.

PROKOP: Priester Angelo! Christus selbst hat Brot und Wein eingesetzt. Die ursprüngliche Kirche verfuhr nach seiner Satzung. Erst schweinische Päpste haben den Kelch unterschlagen. Wir konnten dir's klar beweisen. Und du hattest keine Wahrheit, sie dawider zu halten.

JULIAN: Ich bin nur ein Mensch des Irrtums. Wenn Ihr aber vor die Kirchenversammlung in Basel tretet, vors Konzil, das unter der Leitung des Heiligen Geistes steht, und den gerechten Vätern dort Eure Wahrheit beweiset, ... ja, ich schwör's, ... ich will der erste sein, der den Kelch empfängt.

KLENAU: Die Wahrheit ist jenseits eitler Menschen.

JULIAN: Seid ihr keine eitlen Menschen?

TSCHAPEK: Der Kelch bedeutet Euren gebeugten Hochmut.

JULIAN: Dann bedeutet er Euren ungebeugten Hochmut.

PROKOP: Und wenn ich dich zwinge, Angelo?

JULIAN *heiter:* Du wirst mich nicht zwingen, Prokop. *Lärm wälzt sich näher. Ein Brüderhaufen führt Andreas Leithner, Kaufmann aus Krumau, gebunden auf die Kuppe. Tvaroch hält ihn am Kragen gepackt.*

STIMMENGEWIRR: Der deutsche Hund ... Der Pfaffenkrämer ... Er hat vor der Kelchfahne ausgespien ... Er hat das Volk beleidigt ... An den Bratspieß mit dem Deutschen ... Schneidet ihn in Stücke ...

ROKYCANA *kommt:* Ruhig, Brüder!

LEITHNER *zu Prokop:* Hilfe, Herr Bruder ... Ich bin der Leithner aus Krumau ... Das ganze Land kennt mich ...

PROKOP: Du hörst die Anklage, Deutscher! ... Unsre Fahne hast du gelästert.

LEITHNER: Ich, ein gesetzter Mann!? ... Wär ich doch seitab gefahren mit meinem Wagen ... Eure Fahne ... Was hab ich mit eurer Fahne zu schaffen ... *Ausbrechend.* Ein Überfall ... Ein frecher tschechischer Überfall ... Meine Waren stehlen ... Hussitisches Gesindel ...

Aufheulen der Menge, Leithner will sich losreißen.

PROKOP *Ruhe gebietend:* Wer zeugt gegen diesen Menschen?

TVAROCH *vortretend:* Ich!

JULIAN *geht ruhig und unbemerkt über die Rampenstraße ab.*

PROKOP: Leithner! Ein alter Krieger unseres Vaters Žižka zeugt wider dich. Einer, der für Gottes Wahrheit oft geblutet hat. Er trägt das höchste Ehrenzeichen unsres Krieges auf der Brust. Wird er lügen?

STIMMEN: Der Deutsche muss brennen! ... Nehmt ihn! ... Aufs Holz! *Die Menge will Leithner auf den Holzstoß heben.*

PROKOP: Halt! Der Tabortag darf nicht durch Tod entweiht werden ... Straflos aber soll er nicht bleiben ... Zwölf Stockhiebe!

STIMMEN: Glück hast du, Hund ... Wir wollen dir Hosen anmessen ...

LEITHNER: Heilige Mutter Gottes ...

Er wird fortgeschleppt.

PROKOP *zu den Hauptleuten:* Sorgt, dass kein Unrecht geschieht!

Alle ab bis auf Prokop und Rokycana.

ROKYCANA: Noch bin ich Christ und Priester ... Sakrament wird heut nicht gespendet mehr ... Sie schlagen einen unschuldigen Menschen ...

PROKOP: Der Deutsche ist nicht unschuldig ...

ROKYCANA *ins Tal schauend:* Ich bin sehr kurzsichtig, Prokop ... Scheint es mir nur so? ... Aber ich sehe alles verwandelt ... Keine Begeisterung mehr ... Staub und Hass ...

Prokop schweigt.

Du wolltest die Deutschen für uns gewinnen, Prokop ... Ja, ja ... Muss sich der Weise ewig vor dem Raufbold beugen? ... Sieht so das Reich Gottes aus?

Prokop schweigt.

Und dies alles nur, damit wir herrschen? Nein, Prokop! Kein Volk kann wie ein abgebundenes Glied leben. Der versperrte Flussarm versumpft, und nur die Stechmücken freuen sich. Entweder wir bekehren die andern ... oder ... Julians Brief ist wohl zu erwägen ...

Tvaroch, Hostinsky und andere kommen.

TVAROCH: Der steht nimmer auf, denk ich ...

HOSTINSKY: Schweig, Tvaroch! Roheit schlägt sich mir auf den Magen.

PARDUSCH *schnell auftretend, weist auf Tvaroch:* Um der Gerechtigkeit Gottes willen muss ich diesen hier anklagen, Prokop. Er hat falsches Zeugnis abgelegt wider den Deutschen ...

PROKOP *leise:* Ist das wahr, Tvaroch?

TVAROCH: Falsches Zeugnis? ... Ein Deutscher muss schon dafür gestraft werden, dass er ein Deutscher ist ... Feind ist Feind ... Ich kann nicht den ganzen Tag Predigt hören ... Haltet Ihr uns für Kerzelweiber? ... **Wir** wider die Gewalt? ... Sakra noch einmal, wir **sind** die Gewalt!! ... Mit Gewalt haben wir Tabor geschaffen ... Vor Eurer Zeit ...

Lange Stille.

PROKOP *springt auf, wie um sich auf Tvaroch zu stürzen. Reißt sich aber zurück. Ruhig:* Das Ehrenzeichen ablegen!!

Tschapek kommt.

TVAROCH: Am Witkowberg ... Zwanzig Ritter hab ich erschlagen ... Väterchen Žižka ...

PROKOP: Ihm das Ehrenzeichen abnehmen! ... Tschapek!

TSCHAPEK *erstarrt:* Žižka selbst hat's ihm verliehn ...

TVAROCH *die Medaille mit der Hand umkrampfend:* Ich war der erste im Heer.

PROKOP: Pardusch!

PARDUSCH *wirft sich auf Tvaroch und wird von ihm zur Seite geschleudert.*

PROKOP *geht langsam auf Tvaroch zu.*

TVAROCH *knickt zusammen und wirft die Medaille Prokop zu Füßen. Aufheulend:* Dank dir, Prokop ... *Ab.*

SCHARFER RUF: Bergstadt brennt! *Rauch aus der Tiefe. Alles wendet sich zum Tal.*

STEPANEK *kommt atemlos*: Bergstadt brennt … Sie plündern …
Alles wie irrsinnig … Die Deutschen haben einen Bruder erschlagen
… Nach Bergstadt … Sie holen die Spieße … *Näherbrausender
Lärm.*

PROKOP: Tschapek, Pardusch zu den Waffenhaufen!! *Tschapek und
Pardusch mit den Ordnern stellen sich rechts und links zu den auf-
geschichteten Spießen und Flegeln.* Klenau! Wo sind deine Rotten?

KLENAU: Keine tausend Schritt weit … *Will ab.*

PROKOP *hält ihn an dei Hand zurück*: Halt noch! *Indes hat das Volk,
zuerst in Trupps, dann in dichter Masse die Kuppe erreicht. Es entsteht sogleich ein wilder Kampf zwischen den Ordnern und der ra-
senden Menge. Weiber- und Kinderschreie gellen.*

DIE MENGE: Unsere Spieße … Lasst uns doch, Brüder … Auf die
Deutschen … Zurück da … Die Deutschen … Mit der Axt haben
sie ihn erschlagen … Zurück … Das ist ja nicht wahr … Den Be-
nesch … Lüge … Beruhigt euch … Hilfe … Ah … Ihr erdrückt
mich … Maminko, Maminko … Gebt acht … Die Kinder … Zu
den Waffen … Ihr Hunde … Unsre Flegel … Zurück … Bringt sie
um, die Verräter … Hilfe, Hilfe … Vorwärts … *Der Wind weht
mächtige Rauchwolken her, die Szene verfinsternd.*

PROKOP *sehr weit vorn mit Rokycana, Klenau, Hostinsky*: Angelo …
Wo ist Angelo?

HOSTINSKY: Längst verritten. Weißt du's nicht?

ROKYCANA *hebt erschüttert die Arme*: Der Tabortag wider die Gewalt!! *In diesem Augenblick zersprengt die Menge mit einem gewal-
tigen Triumphgeschrei die Ordnerkette und bemächtigt sich der
Waffen.*

PROKOP: Klenau! Weg abschneiden! Niedermachen, wer sich wider-
setzt!! *Klenau stürzt ab. Immer dichter die schwarzen Rauchwolken.
Flegel, Stangen, Spieße, Fahnen. Das »Hussitenlied« durcheinander
von allen Seiten:* Die ihr Gottes heil'ge Streiter …

Zwischenspiel auf der Straße

*In der Nähe der Moldau. Eine Horde junger Leute, Burschen und
Mädchen, stürmt unter der Führung Jiraks, des neunzehnjährigen
spindeldürren Lehrgehilfen, und Staschas über die Bühne. Auch*

einige Halbwüchsige sind darunter. Der jüngste, Milosch, ein
zwölfjähriger Knirps.

STASCHA *zu den jungen Leuten:* Nun habt ihr gehört, was ich daheim ausstehn musste und warum ich davongelaufen bin … In den ersten Tagen war's ein bisschen schwer … Dann aber hab ich diesen Jirak hier gefunden … Und jetzt weiß ich erst, was die Welt überhaupt ist und das Leben … Hört ihm gut zu, unserm Führer …

JIRAK: Ja, Kinder, die ganze Welt ist nur ein Lügennetz, das eure Väter und Lehrer gesponnen haben, damit ihr Weißfische drin zappelt. Gleich mit Gott fängt es an. Es gibt keinen Gott. Das will ich euch sofort auf wissenschaftliche Art beweisen. Steht nicht geschrieben: »Gott straft die Gottlosen?« Passt auf. Ich ruf jetzt eine Kleinigkeit in den Himmel: *Er pfeift.* »Du, Alterchen, hör mir gut zu! Ich glaub nicht an dich. So! Und jetzt bestraf mich!« … Na, hat er mich bestraft? Ist ein Blitzstrahl niedergefahren? Also ist es nicht wahr, was geschrieben steht, und wenn nicht wahr ist, was geschrieben steht, ist Gott auch nicht wahr. Jetzt hab ich euch auf wissenschaftliche Art bewiesen, dass es keinen Gott gibt.

STASCHA: Nun? Ist das nicht wunderbar? Hat jemals jemand so gescheit zu euch gesprochen?

DIE JUNGEN LEUTE: Jirak! Wir gehn mit dir, wohin du willst …

JIRAK: Die Alten wissen grad so gut wie ich, dass kein Gott lebt, dass Geist, Seele, Christus hohle Worte sind. Doch sie betrügen sich und uns. Ob römisch, ob hussitisch, es ist der gleiche Schwindel. Aber die Betschwestern des Fortschritts sind die ärgsten. Unser jugendlicher Bund fällt auf den Schwindel nicht herein … Wer bist du, Milosch?

DER KNIRPS: Ich bin der neue Mensch.

JIRAK: Gut memoriert! Du bist der jüngste und bleibst am längsten neu, Milosch! Mit fünfundzwanzig Jahren wird eh jedermann zum brauchbaren Trottel. Diese Verblödung ist das Fundament der Staaten. Mein Wort aber ist: Lasset euch nicht verführen! Alle Süßigkeit des Menschen steckt einzig in seinem Körper … Ist das wahr, Stascha?

STASCHA: Das ist wahr, mein Geliebter …

JIRAK: Mein Geliebter? Nur kein Mein und Dein in der persönlichen Beziehung. Diese ebenso gefühlvollen wie besitzanzeigenden Fürwörtchen sind die Wucherzinsen der Liebe. Ich bin nicht dein, und du bist nicht mein. Wir gehören einander alle und keiner.

STASCHA: Verzeih, Jirak, wenn ich was Dummes gesagt hab, aber *Plötzlich ausbrechend,* aber, schaust du von mir weg, kratz ich dir die Augen aus und beiß dir die Gurgel durch ...

JIRAK: Da seht ihr's! Auch wir kommen ohne Verfassung nicht aus ... Also los, Leute! In den Wäldern hier bei Chlum gibt es verlassene Weiler. Dort wollen wir unser Dorf bauen. Die Moldau fließt in der Nähe. Wir werden schwimmen und baden. Kommt, tut eure Kleider ab! Wir springen gleich ins Wasser.

DER KANTOR BREZINA *kommt wehklagend:* Gib mir meine Kinder zurück, Elender, die jüngsten wenigstens! Kinder, war ich denn nicht ein liebreicher Lehrer? Nie hab ich euch geschlagen ...

DER KNIRPS: Das ist nicht wahr, Herr Kantor, am letzten Dienstag habt Ihr mich gemein versohlt.

BREZINA: Zu deinem Seelenheil geschah's, Milosch ...

JIRAK: Seht den runzligen Kadaver! Das sind die Männer, die euch zum Hausvieh präparieren. Nehmt ihn mit! Er soll schwimmen lernen. Und dabei will ich ihm **mein** Abc beibringen. *Der Kantor wird von den jungen Leuten unter Schreien und Lachen umringt und fortgerissen.*

Fünftes Bild

Prokops Haus. Die Stube.

KLENAU *mit einem Blumenstrauß ... läuft die Stiege empor ... legt die Blumen vor Elisabeths Schwelle ... Schnell wieder herunter.*

PROKOP *kommt von der Straße her:* Du bist hier, Klenau ... Suchst du die Lischka?

KLENAU: Nein ... Ja ... Ich ... Das heißt ... Ich reit nach Prag ... Wollte die Frauen fragen, ob sie einen Auftrag haben ...

PROKOP: In einer Weile versammelt sich hier der Ältesten-Rat ... Die verdammte Geschichte mit Basel ... Ich bin allein ... Der Tschapek ist im Pilsner Kreis und Pardusch arbeitet auf der Landtafel ... Es war gut ... Bleib in der Nähe ... Ich kann dich vielleicht brauchen ...

KLENAU: Ein zäher Bissen ... Froh bin ich, dass ich nicht zu den weisen Parteigöttern gehör ... Wenn ihr fertig seid, bin ich wieder hier ... *Ab.*

MUTTER *tritt aus der Küche. Prokop reicht ihr die Hand, um der Blinden zu helfen:* Nein, lieber Sohn ... Deine Hand brauch ich nicht ... Noch unterscheid ich Licht und Finsternis ... Das genügt ... Im Haus, draußen auf dem Hof und in den Ställen kenn ich mich mit geschlossnen Augen aus ... Ich habe keine Hilfe nötig, Gott sei Dank ... Kann auch ohne die Stascha auskommen ...

PROKOP: Das unglücksel'ge Mädel ... Hab halb Böhmen auskundschaften lassen nach ihr ... Vielleicht kommt sie von selbst zurück ...

MUTTER: Deine Schwester kommt nicht von selbst zurück, lieber Sohn ... Ich hab trotzige Kinder ...

PROKOP: Haben wir nicht auch eine trotzige Mutter?

MUTTER: **Meine** Reden und Lehren haben die Stascha nicht um den Verstand gebracht ...

PROKOP: Allzu viel häuft sich jetzt ... Es dürfte keine Menschen geben, die mir nachts auf die Seele fallen ...

MUTTER: Mein Sohn Prokop! Warum zerstörst du dir dein Leben? Gott ist lang, und du bist kurz ...

PROKOP: Sein Leben wählt niemand ... Es ist so, und ich muss ...
Und du, liebe Mutter? ... Auch du gibst keine Ruh ... Von früh
bis abends plagst du dich ... Warum ...

MUTTER: Meine kleine Pflicht ist es, Ordnung zu halten ...

PROKOP: Ja, deine alte Ordnung! ... Ich ... *Unterbricht sich.* ... Hat
dir noch niemand gesagt, wer ich bin, Mutter?

MUTTER: Sie reden immerfort von dir ... War mein Glauben nicht
fest, könnt ich eitel werden ... So aber muss ich beten ... *Hält inne.*

PROKOP: Was denn hätte nach deinem Sinn aus mir werden sollen,
Mutter?

MUTTER: Ein Arbeiter, der sich nicht in Gottes gefährliche Sache
mischt ... Ein glücklicher Mensch ... Und ... *Sie hat die Hoftür
aufgeklinkt. Schamhaft.* Man müsst auch weniger Angst haben um
dich ... *Ab.*

ELISABETH *ist schon während der letzten Worte der Mutter oben er-
schienen. Sie trägt Klenaus Blumen in der Hand:* Bist du wieder
einmal gekommen, Prokop?

PROKOP: Lischka! *Pause.* Diese frischen Blumen ... Dass die Dürre
sie leben lässt! ... Wachsen sie draußen im Garten? Elisabeth: Ja
... Auch im Garten ... *Schweigen.*

PROKOP: So ... Und damit wär unser Gespräch wieder zu End.

ELISABETH: Es ist so viel zu sagen, dass nichts mehr zu sagen ist.

PROKOP: Lischka ... Wenn ich nicht nach Basel geh ... Wenn ich
hier bleiben kann ... Ich hab in der Nacht drüber nachgedacht ...
Es muss anders werden zwischen uns ... Du lebst jetzt allein mit
der unverträglichen Frau ...

ELISABETH: Das ist arg, aber nicht das Ärgste.

PROKOP: Das Ärgste ist die Entfremdung ... Und doch, wenn ich
dich vor mir seh ... Es ist wie vor zehn Jahren ...

ELISABETH: Hast du auch nachgedacht über diese zehn Jahre?

PROKOP: Ich hab dich lieb wie am ersten Tag.

ELISABETH: Liebhaben ... Mein Gott, Prokop ... Was verstehst du
davon? ... Liebhaben ... Das klingt wie ein falscher Lautengriff ...
Du kannst den Priester nicht ausziehn ... Vielleicht liebst du das
Volk, die Masse, deine Pläne und Siege ... Ich weiß es nicht ...
Aber einen Menschen?

PROKOP: Sind diese Pläne und Siege so gering, dass dieser Mensch nicht Nachsicht haben könnt? ... Wär's nicht die Pflicht dieses Menschen, mir zu helfen?

ELISABETH: Du hast dir eine Herrin gesucht und kannst eine Magd nur brauchen.

PROKOP: Da haben wir's ... Herrin ... Hoffnungslos! ... Du kannst deine hochnäsige Herkunft nicht vergessen ... Zehn Jahre lebst du mit mir und hast noch keinen Hauch begriffen ...

ELISABETH: Ich lebe zwar recht wenig mit dir, Prokop ... Doch hab ich mehr als einen Hauch begriffen ... Anfangs ja, da bezwang ich mich ... Jetzt ... Ich will offen sein ... Jetzt hass ich das alles ... Eure Taten und Reden, den Gräuel deiner Gefolgschaft ... Die freche Roheit ... Die Lästerung ... Diese Gesichter ... Das Gift ...

PROKOP *ausbrechend:* Ja, das Gift! *Ruhig.* Sichtbar steigt's auf in dir! *Auf und ab.* Es ist vielleicht ein Fehler, Feindin Lischka ... Aber ich will gerecht sein ... Wir haben beide Schuld aneinander ... Zu wenig hab ich dich teilnehmen lassen ... Dein Stolz ist beleidigt ... Wenn ... Es soll anders werden ... Warum hältst du die Blumen so krampfhaft in der Hand? ... Wenn ich hier bleibe ... Wart, wo ist es nur ... *Sucht in seiner Tasche.* Ich hab dir etwas mitgebracht ... Ein nichtig Ding, aber ein Zeichen meiner Gedanken ... Das Kettchen hier ... *Verlegen und ungeschickt will er ihr den Schmuck umhängen.*

ELISABETH: Dank dir, Prokop, dass du an mich gedacht hast ... Sei nicht bös ... Es geht nicht gegen dich ... Aber ich möcht das nicht tragen ... Seh ich Schmuck an böhmischen Weibern, muss ich immer an Kirchenraub denken.

PROKOP *schleudert wortlos die Kette aus dem offenen Fenster. Stimmengewirr draußen.*

ELISABETH: Madonna! Die Brüder! *Sie flieht über die Stiege hinauf. Rokycana kommt mit zehn taboritischen Parteiführern, älteren Männern, zumeist aus dem Bauern- und Handwerkerstand. Scharf unterschiedene Charakterköpfe.*

ROKYCANA: Nunmehr sind unser zwölf, liebe Brüder und Häupter der Partei. Durch Zahl und Ansehn sind wir Rechtens bestellt, in der sorgenvollen Frage der Basler Kirchenversammlung zu entscheiden. Ihr kennt meine Meinung und unsres Feldherrn Prokop Widermeinung. Machen wir's uns noch einmal klar: Die Briefe des Kardinallegaten, in denen wir inbrünstiglich zum Konzil gebeten werden, sind die allersüßeste Frucht unsrer Siege und Kriegstaten. Denn nicht treten wir jetzt vor die Väter als hartnäckige Ketzer und Angeklagte, ja nicht einmal mehr als Verteidiger unsrer Wahrheit, sondern als freie Schöffen und Beisitzer der Weltkirche, die sich selbst reformieren will an Haupt und Gliedern. Dürfen wir diese Hand ausschlagen?! Nein und tausendmal nein!! Wir würden uns selbst damit zu Erzfeinden der gesamten Christenheit erklären und ihr das Recht zu neuen Kreuzzügen geben. Von der Verketzerung unsrer Nation will ich schweigen. Aber wen betrübt's nicht, dass in Frankreich die Zigeuner und Halunken mit unserm Namen »Bohemer« genannt werden? ... Ruhe brauchen wir, Brüder! Prokops großer Gedanke, die Landverteilung, wie steht's damit? Halb Böhmen liegt brach. Pilsen ist abgefallen. Der Adel rührt sich wieder, und die Welt beginnt unsre Grenzen zu verstöpseln. Brüder, stimmet darum für Basel! ... Und jetzt sprich du, Prokop!

PROKOP: Es ist wahr, Brüder! Die Landverteilung hat uns enttäuscht, wenngleich auch ein solcher Umsturz niemals auf den ersten Hieb glücken kann. Es ist wahr: Die Bestien im Land haben eine gute Zeit. Der letzte Tabortag beweist es. Sorgenvolle Zukunft! Aber **unsere** Zukunft! »Basel«, sagt Rokycana. Gut! Mein Kopf kann irren. Entscheidet, und ich will mich diesmal beugen. Bedenket aber: Trotz unsrer Siege stehn wir am Anfang erst. Das Konzil kann nur unser Feind sein. Alle scheinheilige Milde täuscht mich nicht. Süßer Köder! Der Feind ist noch nicht ermattet und will uns schwächen. Wozu also verhandeln, schachern, schielen und lügen? Dringet tief in euch und suchet scharf die Antwort! *Er holt aus der Küche einen Krug.* Hier ein Krug! Hier diese Linsen bedeuten »Ja« und »Basel«. Hier die roten Bohnen »Nein« und unsre »unverfälschte Zukunft«. Ohne Pakt und Lüge! *Die Parteihäupter beginnen zu debattieren.* Halt, Brüder! Bleibet stumm! Keiner rede mit den anderen, damit eure Gedanken sich nicht mischen und Einfluss nehmen. Prüfet euch still, ehe ihr zwischen den Früchten wählet!

Die Männer beginnen mit gesenkten Köpfen in sonderbar rhythmischer Versunkenheit aneinander vorbei auf und ab zu gehen. Nach und nach tritt jeder zum Tisch und wirft seine Stimme in den Krug, auch Prokop und Rokycana.

ROKYCANA *der den Krug in seine hohle Hand geleert hat:* Stimmengleichheit! Was nun? *In diesem Augenblick tritt Klenau ein.*

ROKYCANA: Ein Bote der Vorsehung! Prschibik von Klenau! Edelmann! Und dennoch kämpft er seit Jahren als Held für Tabors Fahne. Nun sind wir dreizehn. Bist du einverstanden, Prokop, dass dieser reine, unbestochene Mann die Entscheidung bringt?

PROKOP: Du weißt, worum es geht, Klenau! Wähle zwischen Basel und der unverfälschten Zukunft!

KLENAU *erschrickt:* Muss es sein?

PROKOP: Wähle!

KLENAU *nach einer Pause, leise:* Basel ...

ROKYCANA: Kommt! Wir sind fertig. Verkünden wir den Brüdern draußen bei der Linde den Entscheid!

Alle ab.

ROKYCANA *hält Prokop in der Tür zurück:* Machen wir's uns klar, Prokop! Gelingt die Einigung in Basel, ist kein Angriff mehr auf Böhmen zu fürchten. Du kannst dich ganz dem Werke der Erneuerung weihn.

PROKOP: Gelingt sie aber nicht ...

ROKYCANA: Die Sterne sind errechenbar, nicht der Mensch. Ein Mückenstich wird zum Völkerschicksal. Lass uns das Ziel nicht verlieren! Die feste Brücke zwischen göttlicher Wahrheit und irdischer Wirklichkeit zu sein, dies ist die Aufgabe unsrer Nation. Versprich mir, Prokop, dass du in Basel kalt und gelassen bleibst.

PROKOP: Ich verspreche dir alles, Rokycana, nur eines nicht: Lüge! *Beide ab.*

ELISABETH *kommt nach einer Weile herunter. Sie hat die Blumen noch immer in der Hand. Rasch sieht sie sich in der Stube um, entdeckt den Abstimmungskrug auf dem Tisch, geht in die Küche, füllt ihn mit Wasser und gibt den Strauß hinein.*

KLENAU *steht starr in der Tür:* In meinem Mund lag Böhmens Geschick. Ich hab »Basel« gesagt. Alles in mir schrie und schreit noch: Nein! Basel ist der Tod! Und doch hab ich »Basel« gesagt. *Zwei*

Schritte. Sehr leicht ist es, für eine Frau ritterlich zu sterben. Ich aber hab mich besudelt mit unaussprechlichem Schmutz vor dem ewigen Gericht, nur damit Prokop, mein Bruder, fernhin nach Basel ziehe und ich frei und allein bleibe bei dir ... *Schweigen.* Jetzt kennst du meine Niedrigkeit und meine Liebe. Stoß mich für ewig fort ...

ELISABETH *nähert sich ihm zögernd, berührt ihn leicht mit der Hand, sie versinken in einen Kuss.*

MUTTER *kommt vom Hof:* Ist jemand hier?

ELISABETH *schrickt auf, erkennt und sagt mit unterdrücktem Jubel:* Nur ein einziger Mensch, Mutter! Ich!

Zweiter Teil

Das Konzil zu Basel

Im Dominikanerkloster. Das Proszenium zeigt das Rahmenwerk eines Triptychons. Die beiden schmalen Seitentafeln sind wie bei dreiteiligen Altarbildern ein wenig eingewendet. Ihr Boden ist stark gehoben. Die rechte stellt einen Bibliotheksraum des Klosters dar, die linke die Zelle des Kardinals Julian. In der Bibliothek: Entrückte Bücherwand und ein Tisch. In der Zelle: Lebensgroßes Kruzifix, Feldbett, Betschemel, Tisch. Die Mitteltafel füllt der Konzilsaal in der Klosterkirche aus. Bei Beginn des Spiels sind Bibliothek und Zelle erleuchtet, im finstern Kirchenschiff erschimmern nur fern die hohen gemalten Fenster. – In der Zelle steht schweigend Julian, dem von Dienern das rote Kardinalsgewand angelegt wird. Hinter ihm drei sehr alte Dominikaner.

In der Bibliothek warten Erzbischof Philibert, Doktor Palomar und Doktor Johann Stojkowitsch auf den Kardinal.

STOJKOWITSCH *selbstgefälliger Fanatiker:* Nein, meine sehr ehrwürdigen Herren, ihr kennet sie alle nicht. Ich aber kenne sie, wie ich mich selber kenne, denn auch ich bin Slave. Hab wohl jahrelang schwere Pönitenz und harte Disziplin aufwenden müssen, den Slaven in mir zu domestizieren. Unsere Art ist von Geburt scheu und zügellos, und nicht zum Heil der Christenheit sind wir in grauer Urzeit eingebrochen im Abendland. Wisst ihr, dass unsre Voreltern keine Standesunterschiede und kein Eigentum gekannt haben? Schaudert euch nicht bei diesem abscheulichen Gedanken? Das Erblaster der Völker bricht immer wieder hervor wie ein Ausschlag: Hus und die Seinen.

ERZBISCHOF PHILIBERT *abgeklärt gütiger Priester:* Ich hab in meinem langen Leben erfahren, dass die Unterschiede zwischen den Menschen und den Völkern ergötzlich geringfügig sind. Und dabei blick ich nicht einmal von gelehrter Turmhöhe aufs irdische Treiben wie Ihr, Herr Doktor Stojkowitsch. Doktor Palomar *nüchtern-durchgearbeiteter Kopf eines Kirchenpolitikers:* Ein Wort, ihr

Herren, solang wir noch allein sind ... *Er macht einige Schritte in den Hintergrund, um sich zu überzeugen, dass niemand lauscht.*
JULIAN *in der Zelle. Er ist fertig angekleidet:* Fromme Väter, ich bitt euch, erwartet mich hier und vereiniget die große Kraft eures Gebetes zum Heiligen Geist! *Ab mit den Dienern. Die Zelle wird dunkel bis auf das Ewige Licht unterm Kruzifix. Die Mönche beginnen, kaum hörbar, zu murmeln:* »*Veni creator Spiritus, mentes tuorum visita ..*«, *und so weiter.*
DOKTOR PALOMAR *in der Bibliothek:* ... solang wir noch allein sind. Jeder weiß, wie sehr ich Julianum liebe und mich ihm, dem Konzilsleiter, pflichtschuldigst unterwerfe. Ein herrlicher junger Mann. Jedennoch tu ich euch kund, dass mich der heilige Vater Eugenius höchstselbst abgeordnet hat, zur gewissenhaften Wahrung der Punktationen, und damit der Ehre und dem Ansehn unsrer katholischen Kirche kein Abbruch geschehe, sollte jugendlicher Übereifer und liebender Schwarmgeist ... Da ist er ...
JULIAN *betritt die Bibliothek:* Vergebt, ihr Lieben, wenn ich euch warten ließ. Dies ist ein Tag der Erfüllung für mich. Offen gesteh ich's, ja, ich bin sehr bewegt ... Eurer Unterstützung, Eures väterlichen Wohlwollens fühl ich mich sicher, Herr Erzbischof Philibert. Ihr, Doktor Palomar, seid ein allzu strahlender Geist, um nicht zu wissen, dass Rom heute nicht in Rom ist, sondern hier in Basel ... Und was insonderheit Euch anbelangt, Meister Stojkowitsch – Ihr seid ein berühmter Redner und Autor –, erlaubt, dass Euch ein Bewunderer vermahnt, der Dunkelheit in Eurer Seele nicht Gewalt zu geben ... Noch nie, ihr Lieben, hab ich so klar gewusst wie jetzt, dass unsrer heiligen Kirche Wesen das einige allumfassende Licht ist. Christus selbst schickt uns die hussitische Kritik, nicht damit wir in niedres Ärgernis verfallen, sondern damit wir sie wider das Schlechte in uns selbst wenden. Die stolzeste Kraft des Glaubens ist es, den Zweifel durstig in sich aufzunehmen ... *Fernes Glockengeläute.* Sie läuten die Stunde ein, die über die Zukunft der Christenheit entscheiden wird ...
STOJKOWITSCH: Festläuten oder Sturmläuten?
PALOMAR: Die Stadt Basel ist aufgewühlt. Überall stehn die deutschen Bürger in Haufen ...

STOJKOWITSCH: Wundert's Euch? Das contagiöse Monstrum ist eingekehrt in Basel, der Erzfeind der Sakramente und des deutschen Volkes ...

PALOMAR: Wir hätten vom Herzogprotektor mehr Schutzmannschaft anfordern sollen ...

JULIAN: Nein! Was geht uns die Welt an, wenn wir um den Geist kämpfen ... Lasst uns fest an die glorreichen Worte des größten Apostels denken: »Die Liebe eifert nicht, sie bläht sich nicht auf ...« Ich bitte, verfügt euch jetzt in den Saal!

Philibert, Palomar, Stojkowitsch ab. Julian gibt einem Mönch ein Zeichen, der Prokop hereinführt.

JULIAN: Prokop, mein Bruder! Verwehr mir's nicht, dass ich dich umarme.

PROKOP *tritt kalt zurück:* Bist du's, Priester Angelo?

JULIAN: Nenn mich, wie du willst. Der Angelo ist im Julian wie der Julian im Angelo war.

PROKOP: Aber deine schönen Kleider hast du wieder, was?

JULIAN: Priester Prokop! Ich kenne dein Herz. Auch dich wird der Heilige Geist ergreifen.

PROKOP: Wir werden's sehn ...

JULIAN: Nun aber fass ich deinen Arm fest, dass du mir nicht entkommst. Wir wollen als einiges Paar das Konzil betreten. *Er führt ihn hinaus.*

Das Gebet der Mönche in der finstern Zelle ein wenig hörbarer:
»Tu septiformis munere –, Digitus paternae dextrae –, Tu rite promissum patris –, Sermone ditans guttura –«
Rosenberg, Neuhaus und Sternberg betreten die Bibliothek.

STERNBERG: Was? Man verbietet uns den Eintritt in den Sitzungssaal?

NEUHAUS: Sie lassen keinen Laien heut zu. Nicht einmal die regierenden Fürsten.

STERNBERG: Ich in einer Bibliothek? Ich in einer Antikamera? Überhebt sich der Pfaff auch hier? Überall Hirnrotz und Mauldrusch gegen edles Geblüt? Fress ich deshalb seit Tagen schon deutsche Reichspastete mit betrübter Salse und saufe den Krätzer der Dorfwirtshäuser? Sauer bin ich worden davon, dass man Gurken einlegen könnt in mir ...

NEUHAUS: Und die Strapazen? Mein Hinterleder ist durchgewetzt. Wären wir zu Haus geblieben!

STERNBERG: Die Treibjagden beginnen ... Hundemeute und Bauern-kette ... Hussa ...

ROSENBERG: Ja, hussa, und du das Wild! Gefehlt, Herren! Hierher gehören wir als getreue Männer des vertriebenen Kaiser-Königs Sigismund von Böhmen. Dank meiner Fürsorge kocht die Suppe zu Haus von selber. Man muss uns nicht am Herd sehn. Ich habe Post, dass die Bürger Ach und Ichgereut zweiundneunzig andre Kaufleute zu je hundert Goldgulden geworben haben, und dass demgemäß die königstreuen Bauernwehren in gewissen Bezirken auf immer besseren Stand gebracht werden können.

NEUHAUS: Wisst ihr, Freunde, dass Majestät das Ernennungsdekret Riesenburgs als Reichsverweser in Böhmen schon firmiert haben ...

ROSENBERG: Wisst ihr? Von meinem Werk soll ich nichts wissen? Fürs Regieren brauch ich wie zum Aufstemmen eines Steines einen Hebel. Ein Hebel ist ein Stock. Riesenburg ist ein Stock und die flinke Drahomira der Handgriff dran.

STERNBERG: Ulrich, ich bewunder dich. Für einen Grafen bist du verdächtig gerissen. In die erhabene Reihe deiner Ahnen scheint sich ein Jud eingeschlichen zu haben.

ROSENBERG: Seht! Ein Geheimfenster zum Versammlungssaal! Hier kann man alles hören und beobachten.

STERNBERG: Duldet es der ritterliche Anstand, auf diesem Anstand hier zu liegen?

ROSENBERG: Weißt du was, Sternberg? Heb dir die adligen Skrupel für deine Geldgeschäfte auf!

STERNBERG: Ulrich! Ist es nicht schon ein Zeichen des Weltunter-gangs, dass ein Sternberg Geschäfte machen muss?

ROSENBERG: Lösch die Kerzen aus, Neuhaus, damit man uns hier nicht entdeckt.

Neuhaus gehorcht. Die Bibliothek wird finster. Steigerung des Glockengeläutes. In der Höhe des Mittelraumes setzt eine Orgel ein.

Der Saal des Konzils wird langsam hell. Sehr tiefer Raum. Im Hintergrund überhöhte Bankreihen, auf denen die Mitglieder des Konzils sitzen. Zwei Farben herrschen: Das Violett der Prälaten und das Schwarz der Doktoren. Vor den Bankreihen in einem eignen Präsidentengestühl der Kardinal Julian. Links vorne die Bänke der hussitischen Sprecher mit einem Rednerpult. Außer Prokop und Rokycana noch vier Gesandte, zwei Radikale und zwei Gemäßigte, die sich demgemäß verhalten. Ihnen gegenüber die Bänke der katholischen Sprecher mit einem Rednerpult. Außer Philibert, Palomar, Stojkowitsch noch drei andre. Man hat das Gefühl, dass vom Konzilsaal nur ein Ausschnitt sichtbar ist. Die Verhandlung befindet sich schon in vollem Gange.

JULIAN *eine Ansprache beendend*: Und so sei denn dieses Konzil der Glühofen, wo durch die Flamme des Heiligen Geistes alle Schlacken der Entzweiung geschmolzen und geläutert werden.

PALOMAR *der am Rednerpult steht*: Ich kehre nun zum ersten Punkt der böhmischen Artikel zurück, zur Frage des Kelches. Nach tiefgründigen Unterredungen, nach der Gewissensqual schlafloser Nächte, haben sich die Väter entschlossen, *Zu den Gesandten.* euren Argumenten, die sich auf die primitive Kirche berufen, näherzutreten. Erkennet die ungeheure Überwindung an, die es uns kostet, und die Gefahr, die wir eingehn. Denn der geheimnisvolle, jahrtausendalte Bau des Glaubens ist kein irdisches Haus, aus dem man mit Willkür Steine brechen und durch andre ersetzen kann. Ihr verdankt das Entgegenkommen der Väter einzig dem Liebeswirken unsres Kardinals ...

ROKYCANA *tritt langsam zum böhmischen Rednerpult*: Mit herzlicher Rührung trink ich Eure Worte. Ich ermesse, was es bedeutet, dass Ihr Euch unsern unwiderleglichen Gründen beugt. So beugen auch wir uns und nehmen in Demut aus Euren Händen das Geschenk der Wahrheit entgegen.

PHILIBERT: Ein großer Schritt ist getan. Stimmt an mit mir: *Er intoniert.* Te deum laudamus.

Der größere Teil der Versammlung erhebt sich und fällt ein: Te deum laudamus … Te dominum confitemur …

JULIAN: Zum nächsten böhmischen Artikel über weltliche Macht und Eigentum der Kirche hat das Wort Doktor Johann Stojkowitsch, Professor der Universität zu Paris.

STOJKOWITSCH *tritt an das Pult, legt Papiere auf und kramt nervös unter ihnen. Pause.*

ROSENBERG *in der Bibliothek:* Der Prokop ist zugefroren. Schaut ihn nur an! Auf seinem Gesicht stehn Eisblumen des Hasses.

NEUHAUS: Vor so viel Glanz und Weisheit spürt er halt, was für ein Dreck er selber ist.

STOJKOWITSCH *am Pult:* Hohe Versammlung! Eminenz, Monsignori, Eure Hochgelahrtheiten, … und auch ihr, hussitische Gesandte Böhmens! Eh ich …

ROKYCANA: Halt! Damit kein Irrtum obwalte, Stojkowitsch! Wir nehmen das Wort »Hussiten«, Nachfolger des freventlich getöteten Hus, nicht als Beschimpfung, sondern als stolze Ehre auf. So, jetzt dürft Ihr fortfahren …

STOJKOWITSCH *muss die Pille schlucken:* Eh ich mich dem nächsten Punkt der ketzerischen Vorlage …

PROKOP *fährt lang auf.*

JULIAN: Nicht solche Worte, Doktor Stojkowitsch!

ROKYCANA: Ruhe, Prokop! *Laut.* Hochwürdige Väter! Machen wir's uns klar: Doktor Stojkowitsch ist slawischer Renegat! Er leidet an ohnmächtigem Bruderhass. Eine traurige Geisteskrankheit, über die man leider nur lachen kann.

STOJKOWITSCH: Ihr werdet nicht zu lachen haben. Die Artikel, die ihr dem Konzil vorgelegt habt, sind zahm und scheinheilig, wenn ich der wahren Artikel eurer Aufrührerei denke, die hier vor mir liegen.

ROKYCANA: Ihr habt nur von den Dingen zu sprechen, die dem Konzil eingereicht sind.

STOJKOWITSCH: Soll ich vielleicht Eure Erlaubnis erbitten, Magister? Ich bin ordentlicher Professor zu Paris, und Ihr seid ein kleiner unbesoldeter Dozent in Prag.

ROKYCANA: Allzu wahr, Stojkowitsch! Mein Kollegiengeld ist trocken Brot. Euch erwirbt das emsige Sitzfleisch Eurer Gottesgelehrsamkeit üppige Mahlzeiten, wie man sieht ...

JULIAN: Keine Beleidigungen, ihr Herren! Stojkowitsch, ziehet nichts Ungehöriges heran!

PROKOP: Ich aber beantrage laut und dringend, dass Stojkowitsch die ketzerischen Artikel, die auf seinem Pult liegen, sogleich verliest!

ROKYCANA *sucht Prokop zu beschwichtigen*: Prokop! Dein Versprechen!

PROKOP: Lüge hab ich nicht versprochen.

JULIAN: Den Antrag weis ich zurück, da er gegen die Tagesordnung verstößt.

PROKOP: Kein Antrag, auf den sich die Parteien einigen, kann einen Verstoß bilden. Wer ist für Verlesung?

Viele Hände werden erhoben.

Die Mehrheit! Wir sind nicht hier, um Tatsachen mit Honig und Höflichkeit zu beschmieren, sondern um einander bis auf den Grund zu erkennen!

JULIAN: Doktor Palomar?

PALOMAR: Die Praxis der Congregationen beruht auf Majorität.

PHILIBERT: Das Konzil ist ein heiliger Ort der Einigung. Ich beschwör Euch, von allem abzulassen, was trennt und verletzt.

PROKOP: Wir Slaven werden nicht so schnell eingeschüchtert. Was, Stojkowitsch? Zeig, dass du nicht schlechter hassen kannst als kriechen!

Von diesem Augenblick an beginnt sich die Unruhe zu steigern.

STOJKOWITSCH *nimmt mit wutbebenden Händen ein Blatt und liest*: »Artikel der großen Taborgemeinde, die Kampfziele der Partei betreffend: Wir kämpfen dafür, dass es auf Erden keinen Papst, keinen König, keinen Herrscher noch Untertan gebe, dass alle Herren, Edle, Ritter und Besitzer gleich Aufständern im Walde sollen niedergemacht und vertilgt werden. Alle Menschen müssen Brüder und Schwestern sein.«

PROKOP: Richtig! Weiter!

STOJKOWITSCH: »Item! Wie in der Stadt Tabor kein Mein und Dein, sondern alles gemeinschaftlich ist, so soll fürder in der Welt alles allen gemeinschaftlich sein: Grund und Boden, Haus und Hof, Pflug und Spindel. Eigentum ist Todsünde!«

PROKOP: Richtig! Doch warum schreist du so teuflisch?!

STOJKOWITSCH: »Item! Geweihte Priester sind überflüssig, denn jeglicher Mensch ist Priester. Hingegen sollen Kirchen, Kapellen und Altäre zerstört werden.«

Die Mitglieder des Konzils erheben sich in starker Erregung.

ROKYCANA: Jede Volksbewegung hat ihre wilden Männer und ihre Maximalia. Uns kümmert hier nur der Geist und die Wirklichkeit.

JULIAN: Wohlgesprochen, Rokycana! Stojkowitsch, ich entzieh Euch das Wort.

PROKOP: Wird dem Lügner erst dann das Wort entzogen, wenn er die Wahrheit mittelt? Mit Staunen, ihr Herren, seh ich eure Erregung. Ist denn auch nur **ein** widerchristlicher Satz verlesen worden? Es scheint, dass wir zweierlei Evangelium haben? In eurem sagt Christus zum reichen Jüngling wohl: **Nimm** all ihr Gut den Armen. Er ruft nicht die Mühselig-Beladenen zu sich, sondern die üppigen Bäuche. Er tafelt mit übertünchten Gräbern und freut sich einer elenden Welt des Leibgedinges, in der die ganze Menschheit krepiert, damit ein paar Wucherfratzen sich überfressen dürfen. Ihr aber, Hirten der Völker, treibt die fettesten Kamele durchs Nadelöhr ...

STIMMENGEWIRRE: Genug! ... Kein Gehör mehr! ... Erzketzer! ... Wort entziehn! ... Wort entziehn! ... Sitzung schließen! ...

Sowohl Prokop wie Julian werden von heftig fuchtelnden Delegierten umringt. Auf Julian sprechen Stojkowitsch, Philibert und andre ein, auf Prokop Rokycana und die böhmischen Gesandten. Dadurch entsteht eine natürliche Pause. Von Mönchen geführt, erscheint ein Stadtoffizier, der Palomar eine schriftliche Botschaft überreicht. In der Zelle wird das Gebet der Mönche für einen Augenblick sehr laut: »Accende lumen sensibus –, Infunde amorem cordibus –, Infirma nostri corporis – Virtute firmans perpeti.«

STERNBERG *in der Bibliothek*: Ich werde dieser feigen Gesellschaft dort **meine** Artikel verkündigen: *Sehr laut*. Achtung: Gott hat die

Menschen ungleich geschaffen, damit sich Hoch von Niedrig unter-
scheide: Item: Das Leben ist ein Privilegium der Wohlgebornen
und Starken ...

ROSENBERG: Halt's Maul! Bist du verrückt?

PALOMAR *mit starker Stimme*: Meldung ans Konzil!

*Der Lärm legt sich, wenn auch nicht vollständig. Julian gibt Doktor
Palomar das Wort.* »Rat und Volk der Stadt Basel sind durch arge
Vorfallenheit in Unruhe versetzt. Bei der ordnungsgemäßen Messe
im Münster drängten sich etwelche Reitknechte des böhmischen
Gesandten Prokop unter die Andächtigen und begannen den Got-
tesdienst wie auch die Bilder der Heiligen zu höhnen. Einer bestieg
die Kanzel und reizte mit frechen Reden die Menge auf, sie solle
sich nicht länger von den Pfaffen betrügen lassen. Im Augenblick
tagt eine große Versammlung der wohltüchtigen Bürger Basels vor
dem Rathaus. Sie gedenkt zum Konzil zu ziehen und die strenge
Bestrafung der Übeltäter zu fordern.«

STOJKOWITSCH: Da seht Ihr's, Herr Kardinal! Warum habt Ihr die
Seuche nach Basel gelassen?

Wachsende Unruhe wieder auf allen Bänken.

JULIAN: Das Konzil ist keine Gerichtsbehörde. Und überdies hat
niemand etwas zu fordern.

ROKYCANA: Dank, Kardinal! Ich gelobe, den Vorgang streng und
sachgemäß zu untersuchen. Die Schuldigen werden bestraft.

PROKOP: Schuldige? Bestrafen? *Mit einem Schritt zum Rednerpult.*
Sind Menschen strafbar, weil sie ihre feste Wahrheit andern Menschen verkünden? Ich will die langweilige Lüge zwischen uns zer-
reißen, ihr Herren! Seht uns gut an! **Wir** sind die Sieger! Solang
ihr geglaubt habt, uns durch Waffenwut ausrotten zu können, da
habt ihr Jahr für Jahr Kreuzzüge gegen Böhmen gerüstet, allen
voran euer Kardinal hier. Wir aber sind durch die einfache Kraft
der Wahrheit unüberwindlich geblieben. Der arme Hus hatte keine
Gewalt. **Ihn** konntet ihr leicht verbrennen. Wir aber haben furcht-
bare Gewalt, vor der ihr weidlich zittert, allen voran euer Kardinal
hier. Nur um dieser Gewalt willen begegnet ihr uns süß, lächelt ihr
nachsichtig und zwinkert bestechlich. Hätten wir nicht unsre großen
Heere im Rücken, gäb's einen kurzen Ketzerprozeß, weiter nichts.
So aber seid ihr gezwungen, die christliche Liebe in den Kampf zu

senden und den Heiligen Geist fleißig zu zitieren. Allen voran euer Kardinal hier! Wie erkenne ich euch. Gesicht an Gesicht! Eure Kirche ist keine Gemeinschaft der Heiligen, sondern die Gemeinschaft der Herrschenden und Habenden! Der Heilige Geist, den ihr bemüht, ist ein Geist der Macht und Abermacht. Reißet nur Mund und Augen auf! Ja, ich, Prokop, der sich verantworten sollte, ich zieh **euch** zur Verantwortung. Bei Christi Wahrheit! Ich hasse den Krieg. Meine Hand hat nie noch eine Waffe geführt. Aber nun, da ich euch so vollzählig vor mir hab, nun gelüstet's mich, ein andermal nicht friedlich unter euch zu treten, sondern an der Spitze von Hunderttausenden. Tobet nur! Ihr seid ein schwacher Haufen. Das **wahre** Kreuzheer aller Länder und Nationen wartet nur meines Werberufs!

Die Rede Prokops hat alle Versammelten langsam krampfhaft von den Sitzen gehoben.
Bei den letzten Worten bricht ein ungeheurer Tumult aus. Das Konzil zerschlägt sich in wütend gestikulierende Gruppen. Ein Teil der Mitglieder haut wie rasend auf die Pultdeckel. Einige dringen mit geschwungenen Folianten auf die böhmische Gesandtschaft ein.

STOJKOWITSCH *sich übergicksend:* Wache! Gefangensetzen!
PROKOP *ruhig am Pult:* Der Heilige Geist offenbart sich.
JULIAN *nachdem er den Wirrwarr eine Weile betrachtet hat:* Die Sitzung ist geschlossen. *Ab.*
PALOMAR *zu einigen Mönchen:* Der Orgelmeister ans Werk!

Der Konzilsaal wird schnell finster. Einige starke Orgeltakte, dann leises Nachspiel bei geschlossenem Werk. Die Bibliothek leuchtet sofort auf.

ROSENBERG: Auf den Prokop kann man sich wirklich verlassen.
STERNBERG: Ich bin wegen jenseitiger Konsequenzen kein Freund des politischen Mords … Der Prokop aber muss dran glauben … Schafft mir einen versierten Beichtvater.
ROSENBERG: Ich hab eine andre Aufgabe für dich … *Zu Neuhaus.* Du giltst etwas bei den Hussiten, Neuhaus. Bring den Rokycana her, tot oder lebendig!

NEUHAUS: Ach, die ewigen Strapazen! Als beschaulicher Mensch bin ich in ein falsches Zeitalter geraten. *Ab.*

ROSENBERG: Bist du nüchtern, Sternberg?

STERNBERG: Siehst du mir mein Elend nicht an, Ulrich?

ROSENBERG: Lern einen Freund erkennen! Eigens für dich führ ich in meinem Gepäck zwanzig Flaschen französischen Sekt mit ...

STERNBERG: Ulrich! Warum hast du nicht früher meine bange Seele aufgerichtet?

ROSENBERG: Du weißt, dass ich etwas von deiner demagogischen Begabung halte. Mehr als einen Krawall hast du im Leben angezettelt. Spring um die Ecke zum Rathaus und erzähl der Menge, dass Prokop übers Jahr Basel niederbrennen will.

STERNBERG: Gut, Ulrich! Der Mensch hat viele Trunkenheiten. Das Leben ohne Rausch ist Verwesung nach Stundenplan. Ich werde reden, wie ich trinke. Aber die erste Flasche krieg ich noch vor dem Nachtmahl.

ROSENBERG: Sie ist eingekühlt.

> *Sternberg ab.*
> *Die Zelle leuchtet auf.*

JULIAN *tritt ein. Die Mönche gehen. Dei Kardinal wirft sich betend vor dem Kruzifix nieder.*

ROKYCANA UND NEUHAUS *treten in die Bibliothek.*

ROSENBERG: Ich bin untröstlich, würdiger Rokycana. Auch dieses Konzil geht in die Brüche. Es zeigt sich klar, dass Prokop geisteskrank ist. Zwischen Euch und ihm kann es länger keine Eintracht geben. Auf Rokycana ruht nun die Hoffnung der armen Welt ...

ROKYCANA: Was redet Ihr da herum? Wozu habt Ihr mich hergebeten?

ROSENBERG: Ja, richtig! Kaiserliche Majestät tragen Euch für den Fall einer friedlichen Neuordnung in Böhmen das Erzbistum Prag an.

ROKYCANA: Hält mich der Kaiser für einen Rosstäuscher? Sollte es Böhmens Not fordern, werde ich aus den Händen des Volkes jede grausame Last entgegennehmen, selbst das Erzbistum. *Schnell ab.*

NEUHAUS: Haben wir den oder haben wir ihn nicht?

ROSENBERG: Selbst wenn wir ihn hätten, haben wir ihn nicht. Es gibt in der Politik einen einzigen Opportunismus, den man nicht in Rechnung stellen kann ...

NEUHAUS: Welcher Opportunismus?

ROSENBERG: Reine Hände! ... Geh, Neuhaus, häng dich an Rokycana. Versprich ihm unsern Schutz! ... Wohin kämen wir ohne Korruption? ... Von allen Arten der Bestechlichkeit ist die Unbestechlichkeit die gefährlichste ... Lass den Rokycana nicht los! ... Ich schreib jetzt an den Kaiser.

Neuhaus ab. Rosenberg setzt sich an den Tisch und beginnt zu schreiben.

PROKOP *tritt in die Zelle:* Hier bin ich, Priester Angelo.

JULIAN *betet ohne sich zu rühren.*

ROSENBERG *in der Bibliothek, indem er schreibt:* »Die Sache Eurer Majestät steht ausnehmend günstig ... Von allen Gegnern ist der Fanatiker der durchsichtigste ... Prokop hat durch einen Wutausbruch die alten Herren des Konzils gehörig erschreckt, zugleich aber, wessen ich sicher bin, die Einheit seiner eigenen Partei zerstört ...«

PROKOP *in der Zelle wendet sich zum Gehn.*

JULIAN *erhebt sich:* Priester Prokop, du bleibst! Vor dir steht dein geistlicher Oberer. Denn auch exkommuniziert bist du nicht losgebunden vom Gehorsam. Prahle nicht, Priester Prokop, als habest du mit der Wahrheit Christi das Konzil gesprengt. Du weißt von der Wahrheit nichts, nichts! Deine Wahrheit Christi ist das wütende Geblöke der Volksmassen, das den göttlichen Geist der Evangelien für seine tierische Begehrlichkeit in Anspruch nimmt. Du willst ein Führer sein und bist nur ein Schwimmer auf der Strömung! Doch selbst in der armseligen Pöbelwahrheit nenn ich dich einen Lügner. Der du alles Gut der andern verteilst, warum besitzest du selber Haus und Anwesen, Lügner!? Der du alle Macht verabscheust, warum hängst du so gierig an deiner eigenen Macht, Lügner!? Du willst die Völker alle befrein und duldest daheim die Verfolgung der Deutschen, Lügner!? Und deine tückischeste Lüge, Lügner Prokop: Du rühmst dich, keine Waffe anzurühren, und watest bis zu den Knien in Blut!

PROKOP: Du bist der rechte Bußprediger, Feldherr des Heeres von Taus!

ROSENBERG *in der Bibliothek schreibend:* »Eure Hoheit beachte genau den Unterschied: Der Deutsche ist ein ewiger Herdbrand, der Slave ein ewiger Brandherd ...«

JULIAN: Ich sehe die wehrhaften Toten des Krieges und die wehrlosen Toten eurer Rache. Menschen, wölfisch zerrissen! Von der Pöbelwut, die du Wahrheit nennst, in die Spieße geschleudert! Menschen in Pechfässern verbrannt, Menschen in Scheunen zusammengepfercht und verbrannt! Deine Wahrheit ist Leichengestank.

PROKOP: Ich bin in deiner Hand. Unter keinem falschen Namen und ohne restrictio mentalis.

ROSENBERG *schreibend:* »In der Geschichte findet Eure Hoheit immer nur **eine** Art grausamster Massenmörder: Die Idealisten« ...

JULIAN: Man wird für dich Gefängnis fordern. Doch ich fürchte dich nicht mehr, Prokop. Nur noch als Märtyrer wärest du gefährlich. Hüte dich aber, offen auf der Straße zu erscheinen. Die Deutschen dort unten sind erregt ... Ich biete dir zwei Wege: Hier, Feder und Papier! Schreib einen Widerruf ans Konzil, beklag deine Leidenschaftlichkeit! Widerrufst du, kann ich dich vor den Vätern und vor der Stadt schützen. Wo nicht ... Hier ist eine Dominikanerkutte! Niemand erkennt dich. Leicht kommst du bis nach Schaffhausen. Dort sind eure Reisewagen. Deine Knechte send ich in der Nacht. Für sichres Geleit ist gesorgt ... Widerruf oder Flucht! Die Wahl ist dein! Prokop, ich fürchte dich nicht mehr. *Ab.*

PROKOP *packt die Kutte, zerknüllt sie und schleudert sie aufs Bett. Dann beginnt er heftig auf und ab zu gehen.*

ROSENBERG *in der Bibliothek schreibend:* »In dem Spiel gibt es nur ein Rätsel für mich: Julian ...«

Im Saal des Konzils wachsendes Gemurmel – Langsames Lichtwerden – Die Delegierten in erregten Gruppen – Die Böhmen fehlen.

STERNBERG *betritt die Bibliothek:* Sie kommen, Ulrich! Du wirst staunen. Der Durst hat meine Rhetorik satanisiert ...

ROSENBERG *den Brief faltend:* Der Mensch ist eitel, der Komödiant ist eitler und am eitelsten der politische Redner ... Still!

Sie treten zum Geheimfenster.

JULIAN *erscheint im Konzil. Die Mitglieder nehmen ihre Plätze ein:*
Die geheime Congregation ist eröffnet. Doktor Palomar!

PALOMAR: Ich stelle den Antrag, die böhmische Gesandtschaft durch
den Herzogprotektor in Schutzhaft zu nehmen.

Nervosität im Konzil. Draußen Lärm einer sich näher wälzenden
Menschenmenge.

JULIAN: Abgewiesen! Freies Geleit ist ihnen zugesichert unbedingt.

PALOMAR: Ich stelle den Antrag, den Gesandten Prokop allein zu
inhaftieren.

JULIAN: Abgewiesen! Aus selbigem Grund!

PALOMAR: So bin ich denn als päpstlicher Vertrauensmann gezwungen, einen geheimen Erlass des Heiligen Vaters zu verlautbaren,
der die Auflösung des Konzils verfügt, sofern dem Ansehn der
Kirche Abbruch zu geschehen droht.

JULIAN: Reicht mir den Erlass, Herr Doktor! *Nimmt das Dokument*
in Empfang. So! Und merkt Euch fortan! Wir sind demütig gehor-
same Söhne. Das Konzil aber steht unter der Gewalt des Heiligen
Geistes und nicht des Papstes. Solange ich den Vorsitz führen muss,
berufe **ich** ein und löse **ich** auf ...

DIE MENGE *unter den Fenstern:* Heraus mit Prokop! Heraus mit
Prokop!

STOJKOWITSCH: Ich stelle den Antrag, dass sich das Konzil in Si-
cherheit bringt.

PHILIBERT: Kein Konzil ist je dem Pöbel gewichen.

PROKOP *in der Zelle hört seinen Namen von der Menge gerufen. Er*
bleibt einen Augenblick erstarrt, dann nimmt er die Kutte und ver-
lässt den Raum.

JULIAN: Horchet nicht auf den vergänglichen Schrei! Der Heilige
Geist erwählt uns, wie keine Versammlung noch, seinen Willen zu
vollstrecken. Liebet eure Feinde, verzeihet denen, die euch hassen!
Das Konzil rüstet eine Gesandtschaft nach Böhmen ...

DIE MENGE: Heraus mit Prokop! Tod den Mördern! Nieder das
Konzil!

PALOMAR *winkt einem Mönch*: Schutzwache! Eingänge besetzen!

ROSENBERG: Jetzt ist es Zeit für den Sekt, Freund! *Mit Sternberg ab aus der Bibliothek.*

Auf der Zwischenspielstraße an der Rampe eilen vier Hellebardiere und einige Mönche vorüber.

MENGE IMMERFORT: Tod dem Prokop! Nieder das Konzil!

Schläge gegen das Haustor – Die Tür bricht ein – Jubel der Menge – Getrampel im Haus – Die rechts und links am Proszenium postierten Wachen und Mönche werden ein Stück zurückgedrängt, so dass jetzt Bibliothek und Zelle von der Menge abgedeckt sind.

JULIAN: Wir gehen nach Böhmen. Nicht im Glanz unsres Amtes. Ohne Waffen und Knechte. Als niedre Boten des Heiligen Geistes. Das tschechische Volk überwinden wir durch Liebe …

STOJKOWITSCH: Steine! Deckt euch!

Ein Steinhagel prasselt gegen die Kirchenfenster, die einklirren. Alles bis auf Julian verbirgt sich unter den Pulten.

JULIAN: Durch Liebe … *Geht aufrecht einige Schritte vor und bricht zusammen.*

AUFSCHREI: Der Kardinal ist getroffen …

Alle Mitglieder des Konzils drängen vor zu Julian.

JULIAN *richtet sich auf, von Philibert und Palomar unterstützt. Sein Gesicht ist blutüberströmt*: Nichts … Es ist nichts Besonderes, Freunde … Schreiber her … Nächste Sitzung: Morgen! Unsere Gesandtschaft nach Böhmen wird verhandelt … Und jetzt schließe ich ordnungsgemäß und ohne Zwang die Congregation … *Tritt weit vor.* Das Haus räumen …

Grelles Sturmläuten ganz nahe im Glockenturm des Klosters. Die kleinlaut gewordene Menge ist abgedrängt worden.

Dritter Teil

Erstes Bild

Prokops Haus – Die Stube – Mutter – Tschapek – Eine Magd.

MUTTER: Boschka, nimm die Gießkanne und wart draußen im Gemüsegarten auf mich!

Die Magd ab.

TSCHAPEK: So habt Ihr wenigstens ein Mädel wieder aufgenommen, Frau Mutter ...

MUTTER: Arg genug ... Aber was soll ich tun? ... *Auf den Oberstock weisend.* Seitdem das Weib fort ist, bin ich ganz allein im Haus ...

TSCHAPEK: Hört, Frau Mutter ... **Ich** kann's dem Prokop nicht sagen ... **Ich** bring's nicht zustand ...

MUTTER: Lang weiß ich schon, was ihr Helden alle für Helden seid!

TSCHAPEK: Hätt er dieses Weib nur nicht ... Der große Prokop ein lächerlicher Hahnrei? ... Verdammt für ihn ... Und verdammt für uns! Wer soll an einen Führer noch glauben, der seine eigene Familie nicht zusammenhalten kann ... Was wird die Welt von uns Tschechen denken ... Da steh ich doch ganz anders da ... Ich bin zwar kein Prokop ...

MUTTER: Weiß Gott, das seid ihr nicht, Tschapek ...

TSCHAPEK: Erst Basel ... Jetzt diese Schweinerei ... Wer wird's ihm erzählen?

MUTTER: Ich ...

TSCHAPEK: Immer schon bewunder ich Eure mütterliche Härte.

MUTTER: Hm ... Gott scheint den Menschen Augen zu geben, um das Leben besser vor ihnen verstecken zu können.

TSCHAPEK: Habt Ihr je ein weiches Wort zum Prokop und zur Stascha gesprochen?

MUTTER: Ja, ja, die Katzen schlecken ihre Jungen und vergessen sie ... *Sie holt mit tastenden Händen einen Stechspaten aus dem Winkel* ... Auch wir haben Eltern gehabt, und als das Leben begann, knieten wir hin und nahmen still den Segen fürs Verhängte ... Warum hat Gott gerade uns ausgesucht, die Eiseskälte, die Empörung und die Eitelkeit zu gebären? ... Tschapek, mit dir red ich, denn du bist einer der Schlimmsten ... Aber wozu Worte? *Ab in den Hof.*

TSCHAPEK *rollt eine große Landkarte auf, legt sie auf den Fußboden und kniet vor ihr hin.*

PROKOP UND PARDUSCH *treten ein.*

PROKOP: Du hast recht gehabt und ich unrecht, Tschapek! Ich bekenn es. Dass wir bei Taus umgekehrt sind, war der größte Fehler meines Lebens. Dass ich an inneren Frieden ohne Waffenzwang geglaubt hab, war die größte Dummheit meines Lebens. Nach Basel zu gehen, war die größte Schwäche ... nein, Schuld ... meines Lebens. So, nun ich dies bekannt hab, gib mir die Hand, Tschapek! ... Wo ist die Mutter und meine Frau?

TSCHAPEK: Die Mutter arbeitet im Garten.

PROKOP: Und Lischka?

TSCHAPEK: Die wird nach Prag gefahren sein ...

PROKOP: Wie? ... Heut? ... Einkäufe? ... Habt Ihr mich denn nicht angesagt? ... Hoffentlich ist sie nicht allein ... Der Klenau wird bei ihr sein ...

TSCHAPEK: Ja, der ist bei ihr.

PROKOP: Gleichviel! Wir haben Zeit fürs Leben weniger denn je! ... Es war gut, Tschapek, dass du sämtliche Feldrotten einberufen hast ... Auch die älteren Jahrgänge ... Übrigens hört man schon an der Grenze, dass es an allem fehlt ...

TSCHAPEK: Dein Bodengesetz, Prokop! ... Den Bauern reitet der Teufel. Der Herrengrund ist nun sein. Er aber lässt ihn veröden und weigert sich, Getreide zu liefern ... Die Hungersnot ...

PARDUSCH: Die Hungersnot kommt von der schwersten Missernte seit Jahrzehnten ...

TSCHAPEK: Nein! Die Hungersnot kommt von der Grundverteilung.

PROKOP: So verordnen wir den Blutzehnt ... Aus den Dorfgemeinden muss rücksichtslos alles herausgepresst werden ... Die Welt soll uns wiedererkennen!

TSCHAPEK: Hohe Zeit ...

PROKOP: Das Reich Gottes kommt **nicht** über Nacht ... Wir haben eine Stunde versäumt ... Weiter! ... Mit Pilsen beginnen wir ...

Die deutschen Städte folgen ... Noch in dieser Woche alle Bruder-
heere vor Pilsen! ...

TSCHAPEK: Sollen wir Prag und den Osten ganz entblößen? ... Die
Wehren des Herrenbundes wachsen.

PROKOP: Lauter Fünfgroschenmänner. Sind andre Leut davongelaufen
vor uns. Nur keine Zersplitterungen! Wie Blitz und Donner! Was?
... Weiter! *Auf und ab.* Also: Tschapek mit seinem Heer, fünfzehn-
tausend Brüder, von Kotorow über die Prager Straße bis zum Be-
raunfluss ... Zeichne es ein, Pardusch!

> *Tschapek und Pardusch knien vor der Karte.*

Klenau mit zwölftausend rechts und links der Mieser Straße bei
Tuschkau ... Hat er seine Leute beisammen? ... Wie? ... Ja, und
die Geschütze ... Hast du den Klenau eingezeichnet? ... Gut! ...
Die Haufnitzen und Bombarden auf den Lochotinhügel wegen guter
Einsicht ... Weiter! ... Halt! ... Lass das jetzt, Pardusch ... Spürst
du Mut und Willen für eine große Sache? ...

PARDUSCH: Und da fragst du, Bruder?

PROKOP: Reiter brauchen wir bei der Belagerung nicht ... Was hast
du gesagt, Tschapek? ... Pardusch nimmt ... Wie viel Reiter sind's?
... Ich glaub sechstausend etwa ... Du nimmst die berittenen Ge-
nossen, Pardusch, und gehst über die bayerische Grenze ... Bis
Cham und weiter noch ... Mach Beute und brenn ein paar Dörfer
zusammen! ... Das Wichtigste aber: Proklamier unsre Artikel, wo
du kannst! ... Weiter! ... Was wollt ich nur sagen? ... Der Nachtritt
hat mich ganz wirr gemacht ... Ja, Propaganda, Pardusch ... Wie
Julian, wie die Kirche ... Übers Jahr sollen die Bauern und Werk-
leute draußen im Reich unsre Brüder sein ... Ich hab dem Konzil
ein Kreuzheer versprochen ... Es kommt jemand ... Die Lischka
vielleicht ... *Öffnet die Tür, sieht hinaus und schließt sie wieder ...*
Proklamier die Artikel, Pardusch ...

TSCHAPEK: Deine eigene Stellung ist im Plan noch nicht eingezeichnet, Prokop ...

PROKOP: Später, Brüder! ... Mich schmerzt der Kopf ... Pardusch,
hast du das Schriftliche bei dir? *Setzt sich.*

PARDUSCH *nimmt Blätter aus einer Mappe*: Die Kriegsordnung zu-
nächst. Nach deinem Befehl.

PROKOP *überfliegt unaufmerksam das Blatt*: »Bier und Wein verboten
… Abendsuppe gestrichen … Karten und Würfel untersagt … Jede
Buhldirne, die sich im Lager betreten lässt, verfällt dem Schwert
…« Gut! *Unterschreibt.*

PARDUSCH *überreicht ein Blatt nach dem andern*: Die Ächtungs-
und Todesbriefe!

TSCHAPEK *lauernd*: Einst wolltest du Acht und Todesstrafe ächten,
Prokop! Sieh da, jetzt hast du die Meinung getauscht.

PROKOP *starrt ihn abwesend an*: Ich hab die Meinung nicht getauscht,
Tschapek … *Nimmt Blatt für Blatt in Empfang.* Rosenberg? Tot!
Unterschreibt. Sternberg, Neuhaus, Riesenburg! … Sorgt dafür, dass
es nicht Papier bleibt … *Unterschreibt.* Die Basler Konzilsgesandten?
Welcher Esel hat das ausgefertigt? Kein Haar wird ihnen gekrümmt.
Zerreißt das Blatt. Rokycana? Weiter! Warum Rokycana? Eine große
Seele! Vielleicht?! Wer nicht für mich ist … *Unterschreibt.* Weiter!
… Was ist mit mir? Pass doch auf, Pardusch! Ein leeres Blatt gibst
du her und ich hätt's fast unterschrieben … Weiter! Prschibik von
Klenau … Was heißt das?

TSCHAPEK *hat sich hinausgeschlichen.*

MUTTER *steht da*: Bist du nun wieder hier, mein lieber Sohn?

PROKOP: Mutter …

MUTTER: Lass mich dein Gesicht fühlen! *Sie tastet nach seinen
Wangen.* Ich hab mit dir zu reden. Setz dich! Und gib mir einen
Stuhl!

PROKOP: Was hast du nur …

PARDUSCH *hat die Dokumente zusammengerafft und ist fort.*

MUTTER: Bist du allein? … Wo ist deine Hand? Da! Ich glaub, wir
sind jetzt allein …

PROKOP: So red doch endlich, Mutter …

Zwischenspiel auf der Straße

Gasse in der Prager Neustadt.

ELISABETH *mit Zeichen höchster Erregung wartend.*
KLENAU *kommt.*
ELISABETH: Zwei Stunden hat's gedauert, Klenau … Ich …

KLENAU: Ja, Lischka, auch ich bin enttäuscht, dass ich noch leb ...

ELISABETH: Du ... *Sie fasst seine Hände.*

KLENAU *sich loswindend*: Wie schön wär das Leben, hätt Prokop das Todesurteil erlassen wider mich ... So aber ...

ELISABETH: Müssen wir denn in Böhmen bleiben? Ist die Welt nicht groß genug?

KLENAU: Ja, das glaub ich dir ... Ein echter Weiberwunsch ... Keine Vergangenheit ... Kein Gedächtnis ... Man übersiedelt in ein andres Leben, nichts weiter ... Aber du irrst dich ... Es gibt kein Loch für mich, zu entwischen ... Jetzt weniger denn je ... Er hat mir den Pardusch geschickt ...

ELISABETH: Und ... Er ... Was sagt er von mir ...

KLENAU: Von dir, Lischka? ... Du lebst nicht ... Ich aber hab den Befehl bekommen, mit meinen Zwölftausend vor Pilsen zu lagern ... Ich und kein andrer ... Als wär nichts geschehn ... Das ist Er ...

ELISABETH: Und du? Du wirst doch nicht, du kannst doch nicht ...

KLENAU: Ich werde, Lischka! Heut oder morgen zieh ich nach Pilsen ... Den Gehorsam hab ich zugesagt ... als wär nichts geschehn ...

ELISABETH: Und ich bleib allein? Jetzt allein? Wo soll ich denn leben? Und wie? Nein, du willst mich nur quälen ...

KLENAU: Hör mein Geständnis, Geliebte! ... Könnt ich dich hier stehn lassen wie einen ehrlosen Gedanken, dich abschütteln wie einen argen Traum ... ich tät's ...

ELISABETH: Das sagst du, du? ... Und hast mich in dieses Schicksal gerissen?

KLENAU: Alte Lügen, Lischka! Das Weib verführt und nicht der Mann.

ELISABETH: Und an dich hab ich geglaubt, und an dein Rittertum ... Betrüger dort und hier!!

KLENAU: Dumme Worte, Geliebte! Du hast immer nur an deinen eignen Hochmut geglaubt. *Sie weint fassungslos.* Hätt ich doch auch Tränen ...

ELISABETH: Geh zurück ... Weg von mir ... Zurück zu Prokop ... Rühr mich nicht an ... Ich brauch dich nicht ... Lieber sterb ich auf der Straße ... Fort ... Ich will sterben ...

KLENAU *zieht sie an sich*: Nein, meine süße Lischka ... Ich lieb dich ja so sehr ... Alles kommt, wie's kommen muss ... Schritt für Schritt weiter in den Dreck … Unsre Liebe kann nicht vergehn … Die Schande ist ein wollüstig Gift … Nie werd ich dich verlassen … Sei ruhig … Komm, wir wollen uns ein höllisch liebes Nest bauen … Warum weinst du? … Ich hoffe zu Gott, dass unsre Seele verweslich ist … Dann gibt's keine Schuld … Komm, süße Lischka, meine Geliebte ...

ELISABETH *noch immer fassungslos weinend*: Weg! … Lieber auf der Straße … sterben … *Er führt zärtlich die Schluchzende ab.*

Zweites Bild

Auf dem Hradschin zu Prag. Vorhalle eines großen Festsaales auf der Prager Burg. Durch viele hohe Türen, die in den Saal führen, dringt Musik. Im Hintergrund des Raumes ein langer Tisch mit Erfrischungen und Speisen. Aufwärter bedienen einige Gäste vor diesem Büfett. In der Mitte ein kleinerer Tisch. Rosenberg links vorne mit Ach und Ichgereut.

ROSENBERG: Hast du die Wiener Münzen in Umlauf gesetzt, Ach?

ACH: Ja, mein *Überwindet sich.* lieber Rosenberg ... Das österreichische Geld ist gottlob noch weniger wert als unsres. Fünf Wagenladungen davon hab ich über die Grenze gepascht ...

ICHGEREUT: Lauter Blei und kaum mehr ein Quant Kupfer ... Lange Menschenreihen stehn vor den Brotläden ... Wie soll das weiter gehn?

ROSENBERG: Gut wird's gehn, Ichgereut. Nur muss geschwind Gold und Goldeswert aus dem böhmischen Leben verschwinden.

ICHGEREUT: Mein Gold liegt längst bei den Nürnberger Wechslern ... Hier aber wird alles zusammenbrechen ...

ROSENBERG: Dieser Zusammenbruch ist natürlich die Sehnsucht jedes betrübten Patrioten ...

Ach, der zum Erfrischungstisch gegangen ist, kommt mit einem Teller voll Backwerk zurück.

Unser Ach sorgt für die Hungersnot vor ... Liebe Freunde, vergesset nicht, dass mit dem Gelde auch der Wert des Bodens sinkt. Ihr werdet mit Gottes Hilfe halb Böhmen für einige Goldgulden zu kaufen bekommen.

ICHGEREUT: Was für Gedanken? ... Ein edler Graf? ... Ich als anständiger Kaufmann ...

STERNBERG *hinzutretend:* Kein Kaufmann ist anständig.

ICHGEREUT: Erlaubt ...

STERNBERG: Wohltüchtiger Wehlaut und ehrenfester Gewissensbiss! Ist es nicht euer sehr gieriges Bestreben, den Haber billiger zu erstehn und teurer zu veräußern, als er wert ist? Unterbieten und überhalten, das ist die eingeborene Wissenschaft des Kommerzes, die Theologie des weltgroßen Geldsacks. Nur kein anständiger Kaufmann! Gegen Betrüger hab ich nichts. Scheinheilige Betrüger sind zum Kotzen! So! Jetzt geh ich an mein Tagewerk. He, Kellner! *Setzt sich an den Tisch und beginnt zu trinken.*

ACH *ablenkend:* Dürfen wir mit unseren Damen aufwarten?

Die Bürger holen zwei aufgedonnerte Matronen vom Erfrischungstisch, die vor Rosenberg einen schüchternen Knicks vollführen.

ACH UND ICHGEREUT *gleichzeitig:* Meine Frau Gemahlin … Der Herr von Rosenberg!

ROSENBERG *überströmend:* Schöne und edle Damen! Der Tanz beginnt. Erlaubt, dass ich Euch zum Saal geleite. *Mit den Bürgern und ihren Frauen bis zur Saaltür.*

STERNBERG: Ulrich! Du bist zum Kotzen!

ROSENBERG: Wer wahrhaft ein Herr ist, hat auch den Mut zur schlechten Gesellschaft.

STERNBERG: Gestern habt Ihr Euch noch vor den Achtbriefen Prokops in stinkigen Winkeln verkrochen. Und heut, da die Brüderbesatzung von Prag abgezogen ist, nur um Pilsen zu zerstören, feiert Ihr Befreiungsfeste! Die gute alte Zeit kehrt wieder für ein Stündchen wie's Rülpsen. Die ältesten Kacker des Königtums kadavern furchtlos herum. Adlige Bettelnasen umschnüffeln den Freitisch. Grinsende Jungfrauen aus dem vorigen Jahrhundert hopsen zu einer Musik, die runzlig ist wie sie selbst. Rosenberg streichelt bürgerlichen Mastweibern die Wurstfinger. Kehrt Prokop aber morgen zurück, fährt alles wieder in die Rattenlöcher hinein … Man könnt hussitisch werden!

ROSENBERG: Du bist es schon. Denn hinter der Larve eines Lotters birgst du tugendgeifernde Grundsätze. Warum sollen wir uns nicht vergnügen? Pilsen ist stark, und die Basler Konzilsgesandten sind eingetroffen. Wenn man die Leute durch Festivitäten am Nachtschlaf hindert, legt man sie bis Mittag politisch lahm … Kennst du den Grund der wirklichen Erfolge im Leben?

STERNBERG: Ungestüm!

ROSENBERG: Nein, Gleichgültigkeit! ... Man muss zuwarten können, bis die Ideale des Gegners auf den Hund gekommen sind.

EINE MELDENDE STIMME: Seine Durchlaucht, der Herr Reichsverweser des Königs in Böhmen.

Tusch. Unter Vorantritt eines Herolds und eines Standartenträgers kommen Alesch und Drahomira von Riesenburg mit Schleppträgern und Gefolge.

DRAHOMIRA *flüstert ihrem Gemahl letzte Mahnungen zu:* Denk dran, lieber Freund! Nur keine langen Sätze! Regierende Personen geruhen immer nur kurze und unbestimmte Sätze zu sprechen. Vergiss auch nicht, dich an jedes Gesicht gnädigst zu erinnern, das du nicht erkennst. Regierende Personen erinnern sich immer, wenn sie sich nicht erinnern ...

Gäste kommen aus dem Festsaal und bilden einen Zirkel um den Reichsverweser.

DRAHOMIRA *tritt zu Rosenberg:* Lieber Rosenberg, lasst Euch nicht anmerken, dass wir Wichtiges besprechen ... Die Leute sollen glauben, ich zieh Euch nur in meine huldvolle Unterhaltung ... Ach, wie brauch ich Euren Rat, Rosenberg ... Wir, das heißt der Graf, mein Gatte, wir haben sehr gezögert, unser hohes Amt anzutreten ... Unsere Macht stützt sich ja nur auf ein paar Burgen, auf Pilsen und jetzt auf Prag ... Mein Gott, auf Prag? ... Auf den Hradschin ... Die Sache steht kläglich ... Wann endlich werden Eure Bauernwehren marschieren, Rosenberg? ... Zu alldem jetzt noch die Konzilsgesandten ... Kardinal Julian ist mit dem Papst zerfallen ... Wird er da auf unser hohes Amt gebührend Bedacht nehmen? ...

Rosenberg will etwas sagen.

Still! Lasst mich doch um Gottes willen ausreden ... Euren Rat brauch ich, Rosenberg ... Gesetzt, unsre Partei behält Oberhand ... Aber da wird ja Kaiser Sigismund höchstselbst die Regierung antreten ... Und unser hohes Amt ist überflüssig ... Man trägt doch jetzt sozusagen eine Krone, Rosenberg ... Und dann ... Gewiss, wir empfinden streng kaiserlich ... Aber wir empfinden auch national ... National, Rosenberg, ernsthaft ... Suchet einen Ausweg ... Ich wünsche, dass die Lage sich bessert ... Aber sie soll sich nicht zu sehr bessern ... Ich bin glücklich, dass Ihr der gleichen Ansicht seid ...

Rosenberg versucht wiederum, zu Worte zu kommen.

Ihr meint, dass man aus unserm Amt für alle Fälle eine bleibende Einrichtung machen könnte ... Ja, das müsst Ihr beim nächsten Landtag durchsetzen ... Dieser glänzende Einfall ist Euer würdig ...

RIESENBURG *nähert sich:* Lieber Engel ... Unsre Gäste warten im Saal ...

DRAHOMIRA: Dank, Rosenberg, für Eure vielen guten Ratschläge!! *Riesenburg und Drahomira mit Gefolge ab in den Festsaal. Starke Musik drinnen.*

STERNBERG: Dass du diesen finstern Krippenreiter der Korrektheit samt seiner Schnattergans erhöht hast, Ulrich, versteh ich nicht ...

ROSENBERG: Nichts einfacher! Geht's schief, wird man ihn früher hängen.

STERNBERG: Du bist ein zielbewusstes Schwein, Ulrich!

ROSENBERG: Zielbewusst? Nein, spielbewusst! ... Was wisst ihr von mir? ... Meine toskanische Rosenzucht ist mir wichtiger als ganz Böhmen.

NEUHAUS *eintretend:* Wieder ein lästiger Zwischenfall. Unsre Streifung hat in seiner Altstädter Wohnung den Rokycana aufgegriffen. *Rokycana wird gefesselt von einer Wache hereingeführt.*

ROSENBERG: Es ist mir sehr unlieb, Ehrwürden Rokycana, Euch hier zu sehn. Warum seid Ihr nicht mit den Brüdern fortgezogen oder wenigstens in die hussitische Neustadt übersiedelt?

ROKYCANA: Sehr erklärlich, da Prokop einen Preis auf meinen Kopf gesetzt hat. Ferner pfleg ich mich von den Welthändeln nicht stören zu lassen, wenn ich ein neues Buch schreib.

ROSENBERG: Die Brüder gegen Euch?!

ROKYCANA: Herrschen Bodensatz und Abschaum, werden nur stiere Jasager geduldet!

STERNBERG: So erkennt auch Ihr endlich, dass der Bodensatz herrscht?

ROKYCANA: Ja, **dort** der Bodensatz und **hier** der Abschaum!

ROSENBERG: Eure Partei ...

ROKYCANA: Meine Partei ist der Geist.

ROSENBERG: Da habt Ihr nicht weit zum Heiligen Geist.

ROKYCANA: Ihr vertragt nur Leute, die Ihr einteilen und beziffern könnt wie der Greißler seine Säcke. Die politischen Parteien hätten lieber hundert Halunken und Seelenverkäufer, als dass sie **einen** unabhängigen Kopf dulden ...

ROSENBERG: Sehr wahr, Rokycana! Denk ich an die Leute, deren Gesinnung man teilen muss, erscheint mir Gesinnungslosigkeit als einzige Gesinnung!

MELDENDE STIMME: Die Herren Legaten des Konzils!

Tusch.

KARDINAL JULIAN UND ERZBISCHOF PHILIBERT, *hinter ihnen einige Kleriker, alle in groben Soutanen.*

JULIAN: Wir kommen in diese Räume, nicht um an Eurem Fest teilzunehmen, sondern weil wir von der Gewalt vernommen, die Rokycana widerfährt. Tretet zu uns, Rokycana. Wo wir sind, ist das Konzil und im Konzil die Kirche.

ROKYCANA: Ich trete zu Euch. Mögt Ihr auch unrecht im Geiste haben, so ist das Unrecht des Geistes doch göttlich neben dem Recht der Bestie.

JULIAN: Höret ihr alle! Wie wir hier Rokycana in unsere Mitte nehmen als Beistand und Bruder, so auch würden wir Prokop in die Mitte nehmen ohn Eifer und Rachsucht. Wir kennen keinen Feind in Böhmen. Für alle Ewigkeit verfluch ich die Gewalt, für alle Ewigkeit die Hand, die einen Tropfen Blut vergießt um menschlicher Meinung willen ... Wir tun euch kund, dass wir bei Tag und Nacht in unsern Quartieren bereit sind, jedwedem Gewissen Rede zu stehen.

PHILIBERT: Erlaubt, viellieber Rokycana, dass ich Euch von den Fesseln befreie ...

ROKYCANA: Nein, ich dank Euch. An meinen Händen sollen hier alle sehn, dass in dieser Welt der freie Geist gebunden bleibt.

JULIAN: Ich fordre Euren reinen Namen, Rokycana, damit Ihr mit uns über Burg und Städte Prags eine vierzigtägige Buße für zehntausendtägige Sünden verhänget. Es soll kein Fest gefeiert, kein

Gelag gehalten werden. Zu jeder Stunde muss der Beichtstuhl offenstehn und das Gebet darf nicht erlöschen. Lasset uns in diesem Saale mit der Bußverkündigung den Anfang machen!

Ab mit den andern Legaten und Rokycana. Starke Musik im Saal,
die abbricht.

STERNBERG *zu Rosenberg, Neuhaus und andern Herren, die sich versammelt haben:* Da habt ihr's. Der Kardinal beleidigt den Adel. Die Kirche wird immer zweideutig bleiben. Auf uns steht die Sach allein. Wir müssen den Hunden bei Pilsen in den Rücken fallen. Es ist Dreinschlagens Zeit, Rosenberg!
ROSENBERG: Noch ist der Augenblick nicht da ...

Prschibik von Klenau steht plötzlich im Raum. Die Herren fahren
zurück und ziehen.

DIE HERREN: Verrat!
KLENAU: Verrat und tausendmal Verrat!
Die Herren dringen auf ihn ein. Er verteidigt sich. So viele Halunken gegen einen einzigen Schurken!? Was wollt ihr von mir, Herrschaften? Er wirft den Degen fort. Sagt mir lieber, was für Wämser und Schuhe ein hoher Adel derzeit bevorzugt ... Belehrt mich über die Schweinereien, die in der guten Gesellschaft jetzt die feine Mode sind ... Ich bin aus der Übung, denn zehn Jahre hab ich der Wahrheit gedient ...
ROSENBERG: Seht, wo seine Leute sind! ... Neuhaus, schlag in der Stadt Alarm!
KLENAU: Bleib, Neuhaus! Unser sauberes Geschäft geht ohne Lärm am schnellsten ... Meine Leute? Ihr habt nur eine Stunde Weges. Im Scharkatal warten sie auf deinen Befehl, Rosenberg. Ich bezahl euch den Zins mit zwölftausend. Jeder Rossknecht ein Ehrenmann wie ich. Für Freibier und einen falschen Soldgroschen sind wir zu haben. Die Pilsner Belagerung war uns zu langweilig. Da haben wir ein zwölftausend Mann großes Loch in den Heer-Ring gerissen ... Ich hab Durst, Sternberg! *Setzt sich an den Tisch.*
STERNBERG *schiebt ihm ein Glas zu:* Ein reuiger Sünder ... et cetera ...
KLENAU: Nüchtern war ich mein Lebtag ... *Stürzt den Wein hinunter.*

ROSENBERG: Was heißt das alles?

KLENAU: Das heißt … Wär ich doch zehn Ewigkeiten weit vom Leben! *Legt den Kopf auf die Arme.*

ROSENBERG: Wir überzeugen uns selbst und reiten ins Scharkatal. Der Bursche muss mit. Das Ding war nicht übel.

Im Saal leiser Misereregesang.

KLENAU: Einen hübschen Grabgesang habt ihr bestellt …

Aus dem Festsaal kommt eine Gruppe Menschen. In ihrer Mitte Ichgereut, der halb ohnmächtig von Frau und Freunden weggeführt wird.

NEUHAUS: Dem Bürger-Tier ist schlecht geworden. Der Geizhals möcht drei Mittagessen ersparen, kann er einmal umsonst den Bauch vollschlagen.

KLENAU *aufspringend:* Nein, Herrschaften, das ist die Pest! Betet, dass es die Pest sei! Herrgott, schick die Pest über Böhmen! Die Welt soll in Dreck und Eiter ertrinken! … Dann hab ich keine Schuld …

ROSENBERG *am Saaleingang:* Alles rennt dem Julian nach … Wir können ohne Aufsehn davon … Der Augenblick ist da, Sternberg.

KLENAU *schreit:* Die Pest, o Gott, damit ich keine Schuld hab!

STERNBERG *ihn niederziehend:* Kusch und sauf!

Zwischenspiel auf der Straße

Staubige Landstraße. Stascha, Manja und zwei andre Dirnen kommen.

MANJA *fast fünfzig Jahre alt:* Prag oder Pilsen! Kinder, jetzt müssen wir uns entscheiden.

STASCHA: Macht, was ihr wollt! Ich geh nach Pilsen ins Lager.

MANJA: Nicht so hitzig, liebe Tochter … Wohl, in Prag rast die Pest, und die Huren sind immer die ersten, die drauf gehn. Aber ich weiß einen Keller in der Zeltnergasse, wo sie eine Muttergottes verbergen, die sicherer gegen die Ansteckung hilft als Essigschwamm und Räucherwurz … Man darf auch nicht vergessen, dass Pestzeiten ein starkes Geschäft sind. Wer geschickt arbeitet, kann sich nach einem Prager Seuchenjahr zur Ruh setzen ...

STASCHA: Setz dich nur zur Ruh, Alte! Ich aber will vor Abend noch im Pilsner Lager sein.

ERSTE DIRNE: Was hast du zu wollen, zu befehlen und uns herumzujagen?

ZWEITE DIRNE: Heiß ist es zum Verzweifeln. Seit Wochen kein Regentropfen ... Und wir haben erst April ...

MANJA: In Prag gibt's angenehme Badestuben und bessere Herren.

STASCHA: Das Lager ist mir lieber als ganz Prag mitsamt seinen besseren Herren.

ERSTE DIRNE: Sie hat dort gewiss einen Geliebten.

STASCHA: Ich hust auf jeden Geliebten. Keinen Menschen hab ich dort.

MANJA: Es ist auch gefährlich. Die Feldordnung verhängt den Tod über die freien Huren, weil sie das Geschäft der angetrauten Kriegerweiber stören.

STASCHA: Ich hust auf die Feldordnung. Wo ich krepier, ist mir gleich. Das ganze blöde Ringelspiel ist mir gleich.

MANJA: Warum willst du dann ...

STASCHA: Muss man immer wissen, warum man will ...

ERSTE DIRNE: Es ist klar. Sie hat einen Geliebten im Lager ...

ZWEITE DIRNE: Es könnt der Prokop sein, so aufgeblasen ist sie.

ERSTE DIRNE: Irgendein Fuhrknecht genügt auch. Was, Stascha?

STASCHA: Sag das noch einmal!

ERSTE DIRNE: Du hast einen Fuhrknecht im Lager ...

STASCHA *stürzt sich auf sie.*

MANJA *wirft sich zwischen beide:* Wenn jemand kommt! ... Habt ihr gar kein Standesbewusstsein? ... Wer Frieden hält, kriegt was Gutes *... Sie zieht eine Schnapsflasche hervor. Die Dirnen greifen danach. Stascha entfernt sich.*

MANJA: In dem Mädel steckt etwas ... etwas ... Was täten wir ohne sie? ... Sie braucht uns nicht ... Wie sie geht, das Mädel!

ZWEITE DIRNE: Vor Pilsen können wir schon heut Abend sein, in Prag erst morgen Mittag ...

MANJA: Der Grund ist gut. Kinder, mir tun die Fuß sehr weh. Bis nach Prag könnt ich's gar nicht aushalten. Müd bin ich, denn hinter

mir liegt ein arbeitsames Leben ... Seht ihr dort die Prozession?
Die Bauernweiber tragen die Mořena, die Totenpuppe zum Fluss.
Das bedeutet Glück für uns ... Kommt, holen wir die Stascha ein!

Alle ab.

Drittes Bild

Lager vor Pilsen. Eine Scheune, Prokops Hauptquartier. Schlafpritsche,
Tisch mit Büchern und Schriften, mehrere Ausgänge, Prokop am Tisch,
Hostinsky davor.

HOSTINSKY: Bruder Prokop! Kein leichter Bursche spricht zu dir,
sondern der Onkel Hostinsky, der gestern sechzig alt geworden ist
und alle Speisen gegessen hat, die das Leben zubereitet. Meiner
Tage war ich nicht weinerlich, nein, ich bin ein kriegstüchtiger
Bruder trotz dem Bauch da, den mir Gott zugewogen. Dennoch
bitt ich dich, Prokop, von der Härte der Kriegsgesetze abzulassen
in diesem Fall.

PROKOP: Ein für alle Mal: Nein! Reinheit und Mannszucht sind ge-
fährdet.

HOSTINSKY: Wären es nur Männer! Aber es sind doch vier arme
Weiber, die in diesen hungrigen Zeiten auch zu ihrem Brot kommen
wollen. Vier böhmische Seelchen. Ich red nicht als Wollüstling,
denn ich bin nichts als ein freudiger Esser vor dem Herrn ... Lassen
wir die Täubchen fliegen ...

PROKOP: Nein! Aufs einzelne Leben kommt's nicht mehr an jetzt.

HOSTINSKY: Wo ist da die Grenze? ... Ich hab die Weiblein in ihrem
Kotter besucht ... Ein Mädel ist darunter, ganz jung und seltsam
... Du sollst sie alle sehn ... *Geht zum Ausgang und gibt einen*
Wink.

> *Stascha, Manja und die zwei Dirnen werden hereingeführt.*

MANJA: Gnädiger Herr Bruder! Das ist doch alles ein Unsinn. Warum
wollt Ihr vier unschuldige Frauenzimmer umbringen?

PROKOP: Habt ihr die Kriegsordnung gekannt?

MANJA UND DIE ZWEI DIRNEN *durcheinander:* Nein ... Ježisch-
mária ... bei der Heiligen Jungfrau, nein ... beim heiligen Märtyrer
Hus ... Nichts haben wir gekannt ... Gnade, Gnade, Herr Bruder
... Hab mich geplagt mein Lebtag ... Meine Ersparnisse ... Gnade ...

PROKOP: Die Straf müsst ihr erleiden ...

STASCHA *bisher hinter den andern versteckt, tritt vor:* Bruder Prokop!

PROKOP *nach einem langen Schweigen:* Stascha ...

STASCHA: Bin ich wirklich so sehr schuldig, lieber Bruder, dass ich sterben muss ...

PROKOP: Ja, Stascha ...

Stascha greift nach seinen Händen: Es ist lange her ... So lange ... Erinnerst du dich ...

PROKOP: Ja, Staschenka ...

STASCHA: Erst hab ich's nicht verstanden ... Aber diese Nacht heut ... Schick mich zu Mutter ... Wichtig ist nur das Leben ... Deine Worte ... Dreh das Leben zurück ... *Leise, wie trunken.* Heut Nacht ... Es sind ja nur drei Jahre ... Wir wollen sie vergessen ... Schick mich zur Mutter ...

Die Dirnen knien winselnd nieder.

PROKOP: Ich kann nicht ...

STASCHA: Ich bin doch nur zu dir hierher gekommen ... Von sehr sehr weit nur zu dir ... Gestern hat man uns geschlagen ... Das tut nichts, Prokop ... Wir wollen vergessen ... Schick mich nach Haus ... Bist du denn nicht mein Bruder ...

PROKOP: Gerade darum ... kann ich nicht ...

STASCHA *Singsang:* Gerade darum ... *Erwachend.* Gerade darum kann er's nicht ... *Aufkreischend.* Gerade darum ... Hört ihr's? ... Er fürchtet sich ... Man wird ihn für ungerecht halten ... Da seht ihr wieder, was für Feiglinge die Männer sind ... Eitle Schwindler ... Feige Gaukler ... Schweine ...

ALLE DIRNEN: Schwindler ... Gaukler ... Schweine ...

PROKOP: Fort!

Die Weiber werden hinausgeschleppt.

HOSTINSKY: Gleich??

PROKOP *winkt kaum merklich mit der Hand. Hostinsky ab. Prokop wirft sich auf die Pritsche.*

TSCHAPEK *tritt ein:* So geht's nicht weiter, Prokop ... Vorhin begegnet mir der Hundsfott von einem Rottmeister, der Tvaroch, und grinst mir ins Gesicht, ohne zu grüßen ... Das ist Meuterei ... Schuld ist die ekelhafte Geschichte mit deiner Lischka ... Sie bringt

uns um alle Achtung … Hättest du den Klenau verurteilt und seine
Rotten zurückgeholt …

PROKOP *richtet sich auf:* Wichtig ist nur der Tod …

TSCHAPEK: … Fieberst du?

PROKOP: Vielleicht kann man das Unglück noch aufhalten …

TSCHAPEK: Nur eins kann das Unglück aufhalten, Prokop … Fort
von Pilsen! … Wir richten nichts aus … Jetzt schießen sie den
ganzen Tag schon von der Stadtmauer Fässer mit Unrat ins Lager
… Ich selbst ertrag den Gestank nicht mehr … Hungernde Truppen
brauchen Erfolge … Die Prager Neustadt ist mit uns … Gib Befehl
gegen Prag …

PROKOP: Was leierst du da? … Ich fass kein Wort davon … Lass
mich allein …

TSCHAPEK: Und dich nennt man einen großen Führer, Prokop?! …
Warum muss ich dir ein Leben lang nachstehn? … Bei meinem
Zug nach Danzig gab's kein Hin und Her … Aber einen selbststän-
digen Mann duldest du ja nicht … Wär nur der Pardusch mit seinen unvergifteten Reitern schon aus Bayern zurück …

*Lärm draußen. Die Scheune füllt sich mit bewaffneten Brüdern,
die erregt durcheinander schreien. Pardusch, den viele Fäuste
festhalten, wird hereingestoßen. Zuletzt kommen Stepanek und
Tvaroch.*

TVAROCH *setzt sich breitspurig auf einen Stahl:* Da hätten wir also
die lieben Verräterchen alle beisammen.

PARDUSCH: Loslassen! … Ich steh meinem Feldherrn Rede, sonst
keinem … Bruder Prokop … Ich hab dein Vertrauen getäuscht.
Ob ich schuldig bin, weiß ich nicht … Die Verantwortung trag ich
… Verhäng nach Kriegsrecht die Strafe über mich … Wir sind in
eine blutige Herrenfalle geraten … Bei Holtersried … Sie hatten
Wagen und Geschütz … Von sechstausend Reitern bring ich
zweihundert ins Lager …

DIE BRÜDER: An den Galgen, du Hund!

PROKOP: Lasst ihn los!

TVAROCH: Wie die Herrchen zusammenhalten! Braucht ihr einen
besseren Beweis? Der eine verkauft sein Weib dem Verräter, der
andre führt unsre Brüder in den dreckigen Tod. Abgekartete Sache!

Seht, sie verzeihen einander, die großen Herren! Schläft aber ein gemeiner Bruder auf Posten ein, wird gleich der Truppenhenker geholt ... Stepanek!!

STEPANEK: Damit ihr's wisst, ihr da! Von heut an, sag ich, seid ihr abgesetzt! Der Brüder-Rat ergreift die Macht, um den Verrat Tabors zu hindern. Entwaffnen!

Dem Tschapek und Pardusch werden die Waffen abgenommen. Dicht neben Prokop, der geistesverloren dasteht, treten zwei Brüder.

Dem Bruder Tvaroch, unserm Helden aus Žižkas goldner Zeit, wird der Oberbefehl übertragen!

DIE BRÜDER: Tvaroch lebe!

TVAROCH: Ich übernehm hiemit den Oberbefehl. So! ... Doch mit euch, ihr Pfaffen, hab ich noch ein Wort zu reden. Ja, verkleidete Pfaffen seid ihr. Auf unserm Rücken, auf dem Rücken des wahren Volkes wollt ihr groß und fein sein. Wir sollen im Gleichschritt marschieren, damit ihr frei tanzen könnt. Was? Ihr Heuchler und Zweifler habt uns verschachert. *Er fegt wütend alle Bücher vom Tisch und tritt auf sie.* Bücher, nichts als Bücher! Mit dem tintigen Hochmut prellt ihr uns ... Brauchen wir euch denn? Einen Dreck brauchen wir euch! Das, was ihr mehr gelernt habt als unsereins, brauchen wir vielleicht. Deshalb dürft ihr auch, wenn ihr euch unterwerfet, als gemeine Feldbrüder in den Rotten weiterdienen ... Den Pardusch vorführen! *Pardusch wird zu ihm hingestoßen.* Der Strafe entgehst du nicht. Doch will ich sie aufschieben, wenn du niederkniest ...

PARDUSCH: Nein, du linker Schächer! Es lebe Prokop!!

TVAROCH: Abfertigen! *Pardusch, der um sich schlägt, wird hinausgetragen.* Tschapek! *Man stößt Tschapek vor.* Was ist mit dir, Tschapek? Hältst du was vom Leben?!

Lange Pause.

TSCHAPEK: Um der guten Sache willen ... unterwerf ich mich ... Lasst mich in mein Lagerviertel gehn ...

TVAROCH: Bleib ihm auf den Fersen, Stepanek! *Tschapek ab, Stepanek hinter ihm. – Geschützdonner.* Die Pilsner Herren beehren uns wieder mit ihrer Scheiße. *Stolzierende Schritte.* Jetzt wird's anders werden. Jetzt hab **ich** den Oberbefehl. Žižkas Zeit kommt wieder. Sie sollen nicht spielen mit mir! ... Oha! Ein Brüderchen ist übrig geblieben ... *Hostinsky kommt.*

PROKOP *ihm entgegen, als würde er in diesem Augenblick aus einem Traum erwachen:* Mein Befehl gilt nicht mehr. Aufhalten, Hostinsky ...

HOSTINSKY: Das hätt ich früher wissen müssen ...

PROKOP: Hostinsky ...

TVAROCH: Seht den betrüblichen Pfaffen ... Er kann's nicht verschmerzen ... Was gilt ihm das Ganze, wenn **er** nicht oben ist ... Du, Prokop, warum nimmst du nie ein Schwert in die Hand? ... Dominus vobiscum, was? ... Aber der Generalsplatz hinter der sechsten Linie ist halt so sicher, wenn's vorne schneibt und hagelt ...

PROKOP: Es ist noch nicht ... Hostinsky ...

TVAROCH: Regieren, sekkieren, malträtieren ... Das schmeckt ... Steuern ausheben und wie ein König leben ... Wir aber haben nichts zu fressen, nichts zu saufen ... Außen der Rock des Feldbruders, innen seidene Wäsch ... He, Prokop ... Wie geht's deiner Frau ...

PROKOP *aufbrüllend:* Wer spricht mit mir?

TVAROCH: Ich! *Er hebt den Stuhl und lässt ihn auf Prokop niedersausen, der zusammenbricht.*

DIE BRÜDER *dumpf:* Pfui Teufel, Tvaroch ... Was tust du ... Es ist doch Prokop ... Prokop ... Schäm dich ... Du Rohling ...

TVAROCH: Ich glaub, hier muckt jemand auf ... Ich will euch zeigen, was Befehl heißt ... Bei mir geht alles einfach ... So wie den da werd ich alle Halben und Lauen zerschmettern ... Habt acht!! ... Und hinaus zum Sturm!

Die Brüder totenstill ab. – Tvaroch hinter ihnen. – Starker Geschützdonner.

HOSTINSKY *über Prokop gebeugt:* Lebst du, Prokop ... Kannst du aufstehn ... Ich bin's, Hostinsky ...

PROKOP *macht eine wilde Armbewegung zur Tür.*

HOSTINSKY *zögernd rechts ab.*

PROKOP *erhebt sich abgewandt, verhüllt sein Gesicht mit dem Mantel und taumelt links hinaus.*

Zwischenspiel auf der Straße

In Prag. Es ist Nacht. Einige alte Weiber beginnen die Straße mit großen Besen laut zu kehren.

ERSTES WEIB: Die Prager Ratsherren haben noch zweihundert andre alte Baben aus den Armenhäusern zum Straßenkehren befohlen ...
ZWEITES WEIB: Warum grad aus den Armenhäusern?
ERSTES WEIB: Weil sich selbst die Pest vor uns ekelt.
ZWEITES WEIB: Das glaub ich. Bei der Ernährung! Weswegen muss denn gekehrt werden?
ERSTES WEIB: Ein Gelehrter hat auf dem Rathaus vermeldet, dass nur absonderliche Reinlichkeit die Pestilenz beschwören kann.
ZWEITES WEIB: Meister Blödian! ... Kehraus und kehrein! Wir stänkern die Luft voll, und die Erd wird nicht rein ... Nichts als Papier, verwestes Papier ...
ERSTES WEIB: Ja, Papier, Papier ... Zwanzigjähriger Ketzermist ... Kehrt, kehrt! ... Plakate, Aufrufe, Artikel, Proklamationen ... »Die Erde Gottes gehört allen Menschen« ... »An das Prager Volk« ... »An das tschechische Volk« ... »An alle Völker« ... »Nieder mit den Besitzern und den Pfaffen« ... »Kein Bauer soll schuften für den Herrn« ... »Kein Mensch soll hungern mehr« ... Kehrt, kehrt! ... Faules Wortlaub ... Hunger, Hunger, Hunger ...
ALLE WEIBER *indem sie wütend kehren:* Hunger ... Hunger ... Hunger ...
ZWEITES WEIB: Kehrein und kehraus! Wir sind die ersten und letzten im Haus. Habt ihr's überlegt schon? Immer, eh aufgesperrt und wenn geschlossen wird, rücken wir ein. Wir sind der Anfang und das Ende. Und dafür zahlt uns der Stadtrat nur einen Stundengroschen ... *Ein blecherner Glockenschlag. Die Pestträger!*
ERSTES WEIB: Ich glaub, wir haben unsern Stundenlohn ehrlich hereingekehrt und der Reinlichkeit Genüge getan ... Hier in der Näh kenn ich einen Nachtwirten. Vielleicht schenkt er uns einen Sautrank, wenn wir die Säuberung in seine Höhle tragen ...

Weiber ab. Blecherner Glockenschlag.

Viertes Bild

Leerer Raum. Nacht. Zwei Lichtkegel. Im rechten: Hohes offenes Fenster. Davor Julian. Im linken: Ein Bett. Darauf der kranke Prokop. Langsam schweres Tacken eines unsichtbaren Pendels.

JULIAN *in die Sterne blickend:* Gott … Gott …

PROKOP *wirft sich hin und her:* Schlaf … Schlaf …

JULIAN: In dieser Nacht will ich nicht schlafen … Ich will wachen allein mit Dir, o mein Gott … Nie war ich stärker durchströmt von Deiner Gnade und Gewissheit …

PROKOP: Warum … Wozu … Diese ewige Uhr … Ruhe … Abstellen …

JULIAN: Sie leben nur in Zeit und Bewegung … Daraus quillt der Irrtum … Ich aber trinke jetzt Deine ewige Festigkeit, Deine unwandelbare Stille …

PROKOP: Carolinum, großer Hörsaal … Gegenbeweise … Mein Milchglaube … Haha … Mutters angebrannte Milch … Jetzt hab ich auch keinen Milchunglauben mehr … Milchunglauben … Nicht einmal Wasser hat man mir für die Nacht hergestellt.

JULIAN: Ich will wachen und beten … Ich will mich unterreden mit Dir wegen dieses Volkes … Ich liebe dieses herbe Volk … Wegen seiner Empörung lieb ich es … Denn diese Empörung, auch sie ist Sehnsucht nach Dir …

PROKOP *stützt sich auf:* Reich Gottes auf Erden? … Machen wir's uns klar, sagt Rokycana … Warum? Damit es allen wohlergehe … Warum soll's dem Pack wohlergehn? … Damit jeder zu fressen hat? … Damit das Vieh ins Heiligste hereinreden darf? … Damit der Tvaroch emporkommt … He, was? … Tvaroch, überall Tvaroch … Alles für Tvaroch … Tvaroch das Hochziel! … Und darum … *fällt zurück.* Vielleicht hat Tvaroch recht … Vielleicht ist Fressen und Stinken der Sinn des Weltalls …

JULIAN: Sie sind wie Kinder, die im Staub spielen … Und so überschätzen sie den Staub …

Blecherner Glockenschlag.

PROKOP: Die Pestglocke ...

Vermummte Pestleichenträger gehen mit einer Bahre vorn über die Rampenstraße. Voran ein Mann mit Vogelschnabelmaske und einem langen Stab.

JULIAN: Du strafst sie hart ... Erbarm Dich ihrer, o Herr ...

PROKOP: Nein ... Ich bin nicht angesteckt ... Ich nicht ... Nur die Motten waren im Pelz ... Ich? ... Bin ich denn noch ich?

JULIAN: Du weißt, dass ich vor wenig Stunden den Herren und Großen dieses Landes den Segen verweigert hab für ihren Kampf ... Gewähr mir den Ruhm, dieses Volk zurückzuführen ohne Schwertstreich ...

PROKOP *kniet im Bett auf:* Totenmotten ... Was geht ihr mich an? ... Ich bin Prokop ... Bin ich's vielleicht nicht? ... Žižkas Vollender ... Zwei Kreuzheere geschlagen ... Städte und Burgen zerstört ... Bis zur Ostsee hinauf, damit Böhmen das Meer berühre ... Damit mein Volk ... Warum gerade **mein** Volk ... Ist es was Besseres ... Kusch, Gedanke ... Neue Schlachtordnungen hab ich erdacht ... Geschütz und Wagen verbessert ... ja ... Und sie wären noch weiter zu verbessern ... Die Wagen panzern ... Für die Geschütze kein sprödes Metall mehr ... Man müsste ... Aha ... Pfui ... *Er wirft sich zurück.* Das ist das Dümmste, das Widerlichste ... *Stöhnend.* Fliegen ... Fliehen ... Verschwinden ...

JULIAN: Prokop, wo bist du? ... Ich rufe dich aus der unendlichen Nacht! ... Mögen uns auch die Räume trennen, nur eine kleine Spanne liegt zwischen dir und mir ... Bruder Prokop, ich will dir helfen, du einzige Unruhe meines Herzens ... Ich suche dich ... Tu den kleinen Schritt, und meine Seligkeit ist dein ...

PROKOP: Nie nie nie wieder ... Und wenn sie auf Knien kommen ... Nie nie wieder ... Keinen will ich sehn ... Nicht Lischka, nicht Stascha ... Stascha ... Nie, nie, nie ...

JULIAN: Hörst du mich, Prokop? *Er breitet die Arme aus.* Prokop, komm!

Das Licht mit Julian verschwindet.

PROKOP: Nie nie komm ich wieder ... Nie, nie ...

Prokops Licht verschwindet. Blecherner Glockenschlag. – Lange
Stille.

PROKOPS STIMME IN DER FINSTERNIS: Ist das die Elbe? … Den
Brettersteg kenn ich nicht … Der kann ja keinen Menschen tragen
… *Leises Klopfen.* Stascha, du … *Stärkeres Klopfen.* Du lebst …
Lebst du? … *Sehr starkes Klopfen* … Achtung, nicht auf den Steg!
… Was sagst du? … Ich auch? … Ja, wart auf mich … *Erstickter*
Aufschrei. Ah …

Krachendes Zerbrechen von Holz. – Die Tür ist gesprengt worden.
– Laternenlicht dringt herein. – Eine kahle, enge Stube wird
sichtbar. – Tschapek, Hostinsky, Stepanek vor Prokops Bett. – In
der Tür noch andre Brüder.

HOSTINSKY: Prokop … Bruder … Jetzt ist die Zeit nicht zu Krank-
heit und Groll …
STEPANEK: Der Tvaroch baumelt … gnädiger Bruder Prokop … Dir
zur Genugtuung …
HOSTINSKY *ihn fortstoßend:* Geh damit … Was bedeutet ein Tvaroch
für Prokop? …
TSCHAPEK: Bruder Feldherr … Ich als dein Hauptmann von Anbe-
ginn führ dir das Heer zu … Die Herren rücken mit großer Kraft
von Osten heran … Es geht um Tabors Leben … Die Adelswehren
stehn schon bei Königgrätz …
PROKOP *der ruhig aufgestanden ist und sich ankleidet:* So? Und wie
viel Kriegswagen habt ihr noch?
TSCHAPEK: Fünfhundert Wagen und dreißig Geschütze mit den
Kolinern …
PROKOP: Zwischen Kolin und Böhmisch-Brod … Tschapek … Wie
heißen diese Dörfer? … Wir haben einmal genächtigt dort …
TSCHAPEK: Meinst du Planan und Lipan?
PROKOP *tritt in die Schuhe:* Ja, Lipan! Unsre Stellung!
HOSTINSKY: Prokop, mein Sohn … Hab gezweifelt an deiner Ver-
zeihung … Sieh nicht her … Ich bin ein abgelagerter Mann …
Aber …
PROKOP: Mir fehlt etwas in der Hand …
TSCHAPEK: Nimm! Er gibt ihm sein Schwert.

STEPANEK *starr:* Bruder Prokop ... Ein Schwert!

DIE BRÜDER *die nach und nach die ganze Stube erfüllen:* Prokop ...
Ein Schwert ...

HOSTINSKY, STEPANEK UND DIE BRÜDER: Das erste Mal ...

PROKOP: Das erste Mal.

Draußen und drinnen Gesang: »Die ihr Gottes heil'ge Streiter«.
Dann Trommeln.

Zwischenspiel auf der Straße

Zwischen Böhmisch-Brod und Kolin. Gesang, Trommelschlag,
Geschützdonner verlieren sich nach und nach. – Lange Stille. Ein
Zug von Verwundeten in blutigen Notverbänden schleicht vorüber.
Stöhnendes Gesumm.

Fünftes Bild

Prokops Haus – Die Stube. Prokop, von Tschapek gestützt, tritt ein.

PROKOP: Wer ist das tote Weib im Hof?

TSCHAPEK: Ich hab Boschka, die Magd, erkannt.

PROKOP: Sieh nach der Mutter, Tschapek … Sei leise … *Tschapek auf Fußspitzen in den Oberstock* … Sie haben Brandfackeln ins Haus geschleudert … *Er stößt mit dem Fuß eine Brandfackel zur Seite.*

TSCHAPEK: Kaum zu glauben … Die Mutter atmet tief und ruhig … Zum letzten Mal, Prokop. Ich treib einen Wagen für dich auf, wenn du nicht mehr weiter kannst … Komm mit nach Kolin … Die Stadt ist noch treu …

PROKOP: Nein, Tschapek … Geh du allein nach Kolin … Ich bin zu Haus …

TSCHAPEK: Prokop … Wie's auch geworden ist … Für Gutes und Schlimmes, hab Dank … *Ab.*

PROKOP *macht einige unentschiedene Schritte gegen die Stiege. Sehr leise:* Mutter …

JULIAN *tritt ein:* Priester Prokop …

PROKOP: Angelo? … Ja … Es ist an der Zeit …

JULIAN: Einen Tag und eine Nacht lang such ich dich … Auf der Walstatt von Lipan … In verbrannten Städten und Dörfern …

PROKOP: Holst du dir meinen Kopf?

JULIAN: Prokop … Es war nicht **mein** Krieg, und **ich** hab ihn verflucht … Nun komm ich zu dir mit demselben Willen wie einst … ich ruf dich mit der gleichen Stimme wie immer … Erlaub, dass ich dich vor den zornigen Rächern schütze … Teil mit mir meine Wohnung!

PROKOP: Dank dir, Angelo, dass du gekommen bist … Du bringst mir neue Kraft …

JULIAN: Heil uns beiden! Trümmer und Irrtum sind nun fortgeschwemmt zwischen uns.

PROKOP: Wie du dich irrst, Angelo! Nie war der Abgrund größer. Mich hat die Schwachheit übermannt, und die Toten zogen ein in mich mit ihren Gedanken. Jetzt aber hab ich die Toten begraben. Ich bin wieder gesund. Siehst du nicht, wie gesund ich bin, Angelo? Von unten steigt die rote Gewissheit empor in den Gliedern. Ich bin ein Knabe wieder und unbeirrt. Hörst du, Angelo? Mein Kampf war gut, unser Kampf war gut, und der gute Kampf, er geht weiter ...

JULIAN: Widersprich nur deinen Augen! Aus ihnen weint Licht und Gott ...

PROKOP *nicht laut, fast gepresst:* Gott hin, Gott her! Wahrheit? Gerechtigkeit? Alles nur Worte der Kampflist! Hier, hier! Weichliche Stellen überall, Fallen des Untergangs. Aber es kommen die Harten bald, die über ihr Gewissen nicht stolpern ... *Schärfer, aber nicht lauter.* Hört mich! Hört mich! Von vorn beginnen! Das Ganze noch einmal! Heraus aus den Keuschen! Hervor aus den Höfen! Die Flegel geschultert! Die Äxte geschwungen! Zertrümmert den Gott und zerdrescht diese Erde, die den Reichen und Glücklichen nur gehört! ... Was ist eine verlorne Schlacht? Der Krieg geht weiter ... Das ganze noch einmal ...

JULIAN: Und sagst du tausendmal Blut und Krieg, sag ich zehntausendmal Geist und Friede!

PROKOP: Friede? Friede!?? Hahaha ... Hooh ... *Sein Gelächter geht in einen furchtbaren Wehlaut über.*

JULIAN: Um Christi willen ... Du bist verwundet ... Du verblutest ... Warum hast du nichts gesagt ... Dein Leib ist zerfetzt. *Fängt den Sinkenden auf* ... Prokop, vergiss die Welt ... Denk an dich ... Ein Priester hört dich ... Beichte ... Damit ich dich leicht und frei hinüber entlasse ...

PROKOP: Nein!

JULIAN *nestelt das Kruzifix von seiner Brust los:* Küss das Kreuz ...

PROKOP: Fort, goldener Christus ...

JULIAN: Weisest du jeden Dienst zurück ...

PROKOP *sich aufrichtend:* Nein, Bruder ... In der Küche ... Auf dem Bord ... Ich verbrenn ... Dort hebt die Mutter einen Milchkrug auf ...

JULIAN *läuft in die Küche und bringt den Milchkrug.*

PROKOP: Julian ... *Er trinkt gierig, setzt ab und stürzt tot zusammen.*

Lärm. Rosenberg, Sternberg, Neuhaus dringen in die Stube. Hinter ihnen Bewaffnete mit Fackeln.

STERNBERG: Will mir den Burschen von vorn anschaun ...

ROSENBERG: Prokop ... *Julian macht ein Zeichen. Es wird still.*

MUTTER *oben auf der Stiege:* Boschka! ... Was ist das wieder für ein Lärm ... Die ganze Nacht ... Werden diese Mannsleute nie mehr Ruh geben ... Boschka ... Wo bist du, Mädel ... Stell das Wasser auf ... *Immer mehr Bewaffnete mit Fackeln* ... Die Sonne brennt ja schon in die Stube ...

JULIAN: Mutter ...

MUTTER: Die Stimm kenn ich nicht ... *Sie tastet sich vor bis zum Tisch.*

JULIAN: Mutter ... Seht Ihr nicht Euren Sohn?

MUTTER *am Tisch festgekrampft:* Nein ...

Hussitenlied

Die Ihr Got- tes heil- ge Strei- ter,
voll- streckt, was er kün- det!
Und sein Reich als Weg- be- rei- ter
* dann habt Ihrs ge- grün- det! Daß er uns
end- lich führ zu Sieg und Le- ben.

Vor dem Feind lasst uns nicht zittern,
Vor Herrn und vor Rittern!
Unser Schrei wird sie zersplittern.
Schreit: Vorwärts! Hrr! Vorwärts!
Gott wird mit Schrecken alle niederstrecken,
Den Tod lasst sie schmecken!
Schlagt sie, erschlagt sie und schonet kein Leben!

In der anderen Strophe vom * wiederholt

Dekadente Erzählungen

Im kulturellen Verfall des Fin de siècle wendet sich die Dekadenz ab von der Natur und dem realen Leben, hin zu raffinierten ästhetischen Empfindungen zwischen ausschweifender Lebenslust und fatalem Überdruss. Gegen Moral und Bürgertum frönt sie mit überfeinen Sinnen einem subtilen Schönheitskult, der die Kunst nichts anderem als ihr selbst verpflichtet sieht.

Rainer Maria Rilke Die Aufzeichnungen des Malte Laurids Brigge **Joris-Karl Huysmans** Gegen den Strich **Hermann Bahr** Die gute Schule **Hugo von Hofmannsthal** Das Märchen der 672. Nacht **Rainer Maria Rilke** Die Weise von Liebe und Tod des Cornets Christoph Rilke

ISBN 978-3-8430-1881-4, 412 Seiten, 29,80 €

Erzählungen aus dem Sturm und Drang

Zwischen 1765 und 1785 geht ein Ruck durch die deutsche Literatur. Sehr junge Autoren lehnen sich auf gegen den belehrenden Charakter der - die damalige Geisteskultur beherrschenden - Aufklärung. Mit Fantasie und Gemütskraft stürmen und drängen sie gegen die Moralvorstellungen des Feudalsystems, setzen Gefühl vor Verstand und fordern die Selbstständigkeit des Originalgenies.

Jakob Michael Reinhold Lenz Zerbin oder Die neuere Philosophie **Johann Karl Wezel** Silvans Bibliothek oder die gelehrten Abenteuer **Karl Philipp Moritz** Andreas Hartknopf. Eine Allegorie **Friedrich Schiller** Der Geisterseher **Johann Wolfgang Goethe** Die Leiden des jungen Werther **Friedrich Maximilian Klinger** Fausts Leben, Taten und Höllenfahrt

ISBN 978-3-8430-1882-1, 476 Seiten, 29,80 €

Erzählungen aus dem Sturm und Drang II

Johann Karl Wezel Kakerlak oder die Geschichte eines Rosenkreuzers **Gottfried August Bürger** Münchhausen **Friedrich Schiller** Der Verbrecher aus verlorener Ehre **Karl Philipp Moritz** Andreas Hartknopfs Predigerjahre **Jakob Michael Reinhold Lenz** Der Waldbruder **Friedrich Maximilian Klinger** Geschichte eines Teutschen der neusten Zeit

ISBN 978-3-8430-1883-8, 436 Seiten, 29,80 €